EL MONJE
Y EL
ACERTIJO

EL MONJE Y EL ACERTIJO

LECCIONES PARA UN
EMPRESARIO EN LA ERA
DEL COMERCIO ELECTRÓNICO

RANDY KOMISAR
KENT LINEBACK

TRADUCCIÓN:
Ma. del Pilar Carril Villarreal
Lic. en Lenguas y Literatura Inglesa

MÉXICO • ARGENTINA • BRASIL • COLOMBIA • COSTA RICA • CHILE
ESPAÑA • GUATEMALA • PERÚ • PUERTO RICO • VENEZUELA

Datos de catalogación bibliográfica

KOMISAR, RANDY y LINEBACK, KENT
El monje y el acertijo

PEARSON EDUCACIÓN, México, 2001

ISBN: 970-26-0099-5
Área: Negocios

Formato: 13.5 × 21 cm   Páginas: 200

EDICIÓN EN ESPAÑOL

EDITOR DE DIVISIÓN NEGOCIOS: FRANCISCO DE HOYOS PARRA
SUPERVISOR DE TRADUCCIÓN: ANTONIO NÚÑEZ RAMOS
SUPERVISOR DE PRODUCCIÓN: RODRIGO ROMERO VILLALOBOS

EL MONJE Y EL ACERTIJO: LECCIONES PARA UN EMPRESARIO
EN LA ERA DEL COMERCIO ELECTRÓNICO

Versión en español de la obra titulada *The Monk and the Riddle: The Education of a Silicon Valley Entrepreneur,* publicada originalmente en inglés por Harvard Business School Press Boston, Massachusetts 02163, USA.

Esta edición en español es la única autorizada.

D.R. ©   2001 por Pearson Educación de México, S.A. de C.V.
            Calle 4 No. 25-2º. piso
            Fracc. Industrial Alce Blanco
            53370 Naucalpan de Juárez, Edo. de México

Cámara Nacional de la Industria Editorial Mexicana Registro No. 1031

ISBN: 970-26-0099-5

ISBN del inglés: 1-57851-140-2

Impreso en México. *Printed in Mexico*

Para D2 y T²

Cada momento crece perfecta una forma en las manos o en el rostro; algún sonido en las colinas o en el mar es más selecto que el resto; algún humor, alguna pasión, algún atisbo o emoción intelectual es irresistiblemente más real y atractivo para nosotros... tan sólo por ese momento. No el fruto de la experiencia, sino la experiencia misma, es el objetivo. Sólo se nos da un contado número de impulsos de una vida variada y dramática. ¿Cómo hemos de ver en todos ellos lo que ha de ser visto sólo por los sentidos más refinados? ¿Cómo habremos de pasar ligeros de un punto a otro, y estar presentes siempre en el foco donde se une el mayor número de fuerzas vitales en su energía más pura? Arder siempre en este fuego intenso, en este fuego de gemas, para mantener el éxtasis, es el éxito en la vida.

—Walter Pater, *Estudios sobre la historia del Renacimiento* (1873)

CONTENIDO

EL ACERTIJO

Es febrero de 1999, y viajo en motocicleta a través de la más árida llanura de Birmania, llamada ahora oficialmente Myanmar. En el paisaje, que se extiende hacia el infinito, sólo resalta una franja de vida: la rica cuenca fluvial del Aye Yarwaddy, que baja de los Himalayas y hace una hendidura en medio de este país de belleza singular. Mi destino es Bagan, una antigua ciudad salpicada de más de 5,000 templos y estupas, que abarca más de treinta kilómetros cuadrados. El grupo con el que viajo, ciclistas estadounidenses en su mayoría, se ha adelantado mucho. Como presté mi bicicleta a uno de mis compatriotas porque la suya nunca llegó para el viaje, me rezagué y desvié placenteramente durante horas.

Veo delante de mí un taxi improvisado, un camión desvencijado de fabricación china, en el cual treinta o más pasajeros van trepados y colgando. Muchos de los viajeros, hombres y mujeres por igual, llevan *longyis* de colores vívidos —piezas sencillas de algodón o seda cosidas en pliegues que parecen faldas largas—, que denotan sus raíces tribales. La mayoría de las mujeres y algunos de los hombres se han pintado rayas en las mejillas, frente y nariz con una pasta lodosa hecha de la corteza del árbol de *thanaka*, que sirve como cosmético y como filtro solar. De pie, en el estribo trasero, viaja un monje joven con la cabeza cubierta por su túnica color ciruela que le protege del sol. Me hace un ademán, comunicándose enérgicamente, aunque sin palabras. Quiere que lo lleve en la motocicleta. Muevo la cabeza en señal de asentimiento igualmente silencioso y dejo de tratar de rebasar al camión para seguirlo hasta que se detenga a subir y bajar gente. El monje salta alegremente del camión y camina con lentitud hacia mí, al tiempo que esboza una sonrisa cálida y penetrante. Desato la mochila que llevo en el asiento posterior y le hago una señal para que se la ponga en la espalda. Él se la pone y trata de introducir un fajo de billetes, *kyat*, mugrientos y desgastados, en mi mano.

—Súbete y ya —indico, y en seguida me doy cuenta de que el monje no habla inglés. Así que agito la palma y muevo la cabeza—: No. Su mano reposa con suavidad sobre mi hombro. Partimos y rebasamos rápidamente al camión de redilas. La túnica del monje revolotea al viento, que nos alivia del candente sol de mediodía. Después de media hora de trayecto, alcanzamos a mis amigos ciclistas, que se han detenido a comer en una pequeña posada al lado del camino, una casucha con piso de tierra, cuyas paredes están tapizadas con carteles descoloridos de bellezas de Hong Kong y playas lejanas. No pueden ocultar que les divierte el hecho de que un aprendiz del budismo me haya adoptado. Uno a uno se acercan a saludar a mi nuevo compañero, se topan con la barrera insuperable del idioma, y se refugian en sus platos de un guiso chino picante.

—¿Quieres comer algo? —pregunto en un lenguaje de señas rudimentario, el cual ha sido muy útil en mis viajes.

Niega con la cabeza y se desliza a la esquina de la mesa. Tal vez se sentía capaz de lidiar con un estadounidense, pero veinte lo abruman. Le ofrezco un poco de mi curry, pero se niega a tocarlo y prefiere beber a sorbos un refresco local asquerosamente dulce. Espera.

Engullo la comida, porque me doy cuenta de que no se siente cómodo. Vuelve a ponerse la mochila y subimos de nuevo a la motocicleta para surcar el camino. El suave roce del monje en mi hombro me hace saber que todavía está ahí, pero salvo por el zumbido de un motor japonés de dos tiempos, viajamos en completo silencio. La carretera parece no tener fin. Puedo observar un puñado de casas con techo de paja construidas sobre pilotes. De vez en cuando un mercado al aire libre. Aminoramos la velocidad para dejar paso a unos búfalos que tiran de una caravana de carretas y zigzagueamos para rodear hatos de reses que deambulan pesadamente por el camino, mientras sus cencerros resuenan en el polvo. A esta velocidad, no llegaremos a Bagan sino hasta el anochecer.

Al cabo de media hora, el monje me hace una seña, dándome una palmada en el hombro, para que me detenga frente a un cobertizo destartalado y sin ventanas. Entramos en un cuarto atestado de campesinos y vagabundos. Los lugareños están emocionados de ver a un estadounidense donde ningún extranjero suele aventurarse. El monje se sienta en una banca pequeña y me ofrece algo de comer. Niego con la cabeza. Ahora me toca esperar, bebiendo té verde, con cautela, sin comprender ni una sola palabra de lo que ahí se habla. Él monje absorbe los últimos residuos de una salsa marrón espesa con un amasijo de arroz y volvemos a emprender el camino.

Después de recorrer durante horas otros 100 kilómetros más o menos, terminamos en Mount Popa, un antiguo templo budista construido en una montaña de rocas que se alza sobre un paisaje completamente llano. Se trata de un templo viejo y descuidado, popular entre los monjes. Los *Nats*, seres humanos que sufrieron muertes trágicas y se han transformado en deidades animistas, son venerados en este lugar, junto con Buda, y se les honra con ofrendas de frutas, cigarrillos y goma de mascar. Por la noche, los espíritus de los *Nats* se posesionan de los bailarines en trance que giran incesantemente.

Un monje de mayor edad, vestido con una túnica desteñida por el sol, emerge de la entrada del templo, y los dos se saludan haciéndose caravanas. Mi monje desaparece en silencio cuesta arriba, sin siquiera voltear a mirarme de reojo.

—Soy el señor Zabiduría, abad del monasterio de Mount Popa —se presenta el monje viejo. Es un hombre anguloso, con el pelo crecido de días alrededor de la calva, usa unos anteojos torcidos con armazón de alambre, que parecen haber sido destrozados y vueltos a armar muchas veces.

Me siento aliviado al oírlo hablar en mi idioma. No tengo idea de dónde demonios estoy, mis camaradas ciclistas hace mucho que desaparecieron y estoy a punto de quedarme sin gasolina.

Con la noble hospitalidad de alguien que no posee nada, el señor Zabiduría me hace un ademán para que me siente.

—¿Sabe que lo recogí hace ciento cincuenta kilómetros y todavía no tengo la menor idea de a dónde lo llevo? —digo, refiriéndome con una seña al que desapareció—. ¿Es aquí adonde quería venir?

—Ah, sí, aquí es adonde quería venir —responde el señor Zabiduría de manera un tanto enigmática. Charlamos brevemente, conversaciones triviales de viajeros, antes de que le pida y reciba instrucciones para llegar a Bagan. Me entrega una tarjeta con una esquina doblada, todo está escrito en birmano ininteligible, salvo por la extraña transcripción fonética en español de su nombre, Zabiduría. Al ver que no me apresuro a copiar los detalles, me arrebata la que debe ser su única tarjeta de presentación. Acepto un vaso de agua y estrecho la mano del señor Zabiduría. Misión cumplida.

Volteo a ver mi motocicleta y encuentro al joven monje esperándome. Confundido, miro al señor Zabiduría en forma quejumbrosa, él nos ve desde los escalones del templo.

—Quiere regresar al lugar donde lo recogiste —opina el señor Zabiduría, al tiempo que se encoge de hombros.

—Pero, usted dijo que aquí era adonde quería venir —protesto en voz alta .

—Sí, pero ahora quiere volver. Y bien, ¿puede llevarlo? —el señor Zabiduría se acerca, un mono chilla detrás de él. Por su parte, el monje joven se pone mi mochila y se prepara para otro viaje.

—Pero acaba de llegar. Viajamos toda la tarde. Ya casi se pone el sol. ¿Ahora quiere regresar? ¿Qué caso tiene?

Confundido, el señor Zabiduría vuelve a encogerse de hombros y regresa al templo.

—No puedo responder con facilidad esa pregunta. Sin embargo, permítame decirle un acertijo para que lo resuelva —haciendo una pausa, intercambia una sonrisa con el joven monje, y se dirige a mí. Me pregunto cómo acabé en este lío con un monje llamado señor Zabiduría y un acertijo mágico—. No trate de responder ahora. Debe reflexionar un tiempo el acertijo y la respuesta le llegará sin ningún esfuerzo.

La verdad es que no me gustan mucho estos juegos, pero el monje no me da otra opción.

—Imagine que tengo un huevo —el señor Zabiduría curva las manos para formar un huevo imaginario— y quiero dejar caer este huevo desde un metro de altura sin romperlo. ¿Cómo lo consigo?

El monje parece muy complacido, después de pronunciar las palabras suficientes en inglés para dejar perplejo a un simple viajero estadounidense. Mi mente repasa velozmente las páginas olvidadas de los libros de ciencias de la primaria. Me siento tentado a soltar respuestas así como así, ya que si soluciono el acertijo del señor Zabiduría, quizá me explique qué ocurre. En vez de ello, sigo sus instrucciones al pie de la letra y me olvido del asunto... por el momento.

Con un último movimiento de cabeza, el señor Zabiduría se retira, dejándome la pregunta como un recuerdo de Mount Popa. Subimos de nuevo a la motocicleta, mi monje caprichoso y yo. En esta ocasión, el monje me guía hacia donde podemos encontrar gasolina. Ni hablar de que existan gasolineras en las zonas rurales de Birmania; en su lugar, vemos botellas polvorientas alineadas a intervalos poco frecuentes a lo largo del camino, cada una con un trapo viejo embutido en la boca como una mecha. Cuando uno se detiene para llenar el tanque, los mercaderes de la zona se materializan misteriosamente para tomar el dinero.

Seguimos adelante, zigzagueando en silencio a través del desierto. Al aproximarnos a Bagan, vislumbramos los bellísimos templos de ladrillo y piedra que se yerguen por todas partes, algunos tratando de tocar el cielo; otros, tan pequeños que no es posible entrar sin desalojar al Buda que ahí reside. Esta línea intrincada y multicolor de pináculos y capiteles tiene como luz de fondo el sol rojo encendido que se pone en el desierto, y el Aye Yarwaddy resplandeciente bajo la antorcha solar.

Seguimos conduciendo, en búsqueda de la parte vieja de la ciudad y mi hotel. Ha hecho mucho calor en el camino, estoy exhausto y cubierto de polvo, pero, de repente, me siento feliz de estar aquí, en el ocaso, recorriendo las maravillas de Bagan en una motocicleta y con un monje a la espalda. Cuando acabábamos de salir de Mount Popa, no quería otra cosa que no fuera llegar a mi destino; sin embargo, ahora no siento el menor deseo de que el viaje termine.

Se me ocurre la respuesta.

Capítulo uno

LA
PRESENTACIÓN

—Vamos a hacer que los funerales funcionen.

La reunión empezó con esta afirmación. Era una extraña argumentación para presentar un negocio.

—¿Hacer que los funerales funcionen? —pregunté.

—Por supuesto. Vamos a facilitar la toma de decisiones cuando alguien muere. Ya sabes, el ataúd, el forro, las flores, ese tipo de cosas.

—¿Funcionen, dices?

—Claro. Toda esa clase de decisiones. No es fácil. Así que, ¿por qué no usar Internet?

—Pero, ¿*funcionen*? ¿Por qué funcionen?

—Vamos. Publicidad pegajosa.

—Ah, *fun-erales y fun-cionen.*

—Correcto. Eso es. ¿Cuántos sitios crees que te devolverá
Yahoo si buscas las palabras "funcionar" y "funeral"? ¿Cientos?
Lo dudo. Sólo obtendrás uno, sólo uno. El nuestro.

Un sujeto llamado Lenny es quien hace la presentación.
Algo acerca de usar Internet para vender los artículos que la
mayor parte de la gente compra en una funeraria cuando alguien muere, artículos que despiertan sentimientos tan varia-
dos y complejos como los juguetes sexuales.

Nos encontramos sentados en el Konditorei, una cafetería
acogedora enclavada en el bucólico Portola Valley. Enmarca-
do por las Montañas Santa Cruz al oeste y Palo Alto y la Carretera 280 al Este, nos hallamos a sólo una salida de Sand Hill
Road, el famoso hogar del capital de riesgo de Silicon Valley.
El Konditorei es el lugar donde me reúno con personas como
Lenny, los emprendedores de la era de Internet. Aquí, o en un
par de restaurantes en el mismo centro comercial rústico. Ésta es mi oficina. (Olvídense del restaurante Buck's en la veci-
na Woodside. Ahí es donde los capitalistas de riesgo prefieren
reunirse con los suplicantes y hacer los arreglos necesarios
para cerrar tratos debajo de una pintura gigante de Roy Rogers
montado en su caballo *Trigger*, erguido en dos patas. Si uno
se sienta en un rincón de Buck's toda la mañana, empezando
con los grandes capitalistas que van a desayunar, puede observar en silencio quién está financiando a quién. Se siente la
misma vergüenza que debe experimentar un mirón.)

Todas las mañanas, una avalancha humana se detiene en
el Konditorei a tomar café: corredores que se revigorizan, personas de negocios apuradas, estudiantes de Stanford rumbo a
sus clases, y un puñado de negociadores en tránsito de sus
casas en las colinas a los castillos de Sand Hill. Irónicamente,
también es la escala para los trabajadores que serruchan,
podan, pintan, rastrillan y martillean afanosamente en los
hogares de los potentados del valle. Los automóviles Porsche,
Mercedes y BMW hacen cola para entrar en la autopista, in-
diferentes a la fila de camionetas *pickup* que vienen en dirección contraria todas las mañanas.

Llegué unos minutos antes de la hora y Lenny ya me estaba esperando.

—Eres Randy —empezó—. Soy Lenny. Frank me dijo que sería fácil identificarte.

Cabeza rapada, botas y pantalones vaqueros, chamarra de motociclista; rara vez me confunden en estas citas a ciegas.

Me dio un fuerte apretón de manos; luego, colocó la mano izquierda en mi codo, como si yo fuera un político, y me condujo a la mesa donde ya se había instalado. Comprendí por su firme seguridad en sí mismo que muy probablemente no era ingeniero. Era demasiado extrovertido. Iba muy bien vestido. "Así que no es una presentación tecnológica", pensé.

Eché un vistazo a mi reloj que llevaba en el otro brazo, el que Lenny no sujetaba con fuerza. Las nueve en punto.

—Espero no haberte hecho esperar —comenté—. Anoté la cita para las nueve.

—En efecto, era a las nueve. Vamos —ordenó—. Tómate un café. Yo invito. ¿Lo tomas con crema y azúcar?

—Gracias. Todavía no sé qué voy a pedir. ¿Por qué no te sientas mientras decido?

Empezó a oponer resistencia, pero logré liberar el brazo y me dirigí a la barra. Dio un paso para seguirme, pero se volvió y tomó asiento. Dejé escapar el aire que había estado conteniendo desde que me sujetó del brazo.

Lo miré de reojo mientras esperaba el café con leche descremada y calculé que tendría unos veintiocho años. Lo supuse por el cabello espeso, negro azulado, y el rostro pálido y demacrado. Parecía haber andado de juerga varias noches seguidas y, para el mediodía, seguramente necesitaría otra afeitada. Bajo las cejas espesas, los ojos oscuros apresaban a su víctima como su fuerte apretón de manos, nada de divagaciones. Estaba sentado con el cuerpo rígido, tenso, listo para saltar... encima de mí.

El uniforme corporativo habitual que Lenny llevaba puesto: traje azul marino, camisa blanca almidonada, corbata de un rico mosaico de rojos y amarillos, proclamaba que *no* era de Silicon Valley. Un vendedor, pensé. La única persona en el Konditorei que llevaba traje y corbata. Yo no había usado un traje en años. Cuando trabajé en GO Corporation hace algún tiempo, dedicando varios meses a negociar una inversión en la compañía por parte de IBM, mi oponente era uno de sus negociadores expertos, Dick Seymour. Dick sabía perfectamente cómo manejar tanto a la organización interna de IBM —los diferentes grupos de la empresa cuyos intereses a menudo se ponían en riesgo— como a los bichos raros externos, por ejemplo, quienes trabajábamos en GO. Seymour tenía probablemente más de cincuenta años, buena condición física, expresaba muy bien sus ideas, era un verdadero profesional e iba impecablemente vestido con traje azul marino y camisa blanca almidonada. Ahí estaba yo, de poco más de treinta años, con mis pantalones vaqueros y camiseta de manga corta, calcetines floridos y zapatos informales, revisando palmo a palmo cada uno de los complicados puntos del trato. Dick me trató como a un profesional a lo largo de todas nuestras discusiones, y no como si fuera una criatura que venía de un valle de lunáticos. GO aceptó determinadas condiciones difíciles para obtener el apoyo de IBM, pero yo no saqué nada de eso, salvo mi admiración por Dick. Tenía clase. Era un negociador consumado. Lo admiré por toda su pericia profesional y su madurez, aunque nunca pude imaginar a un sujeto como Dick financiando una compañía nueva.

Ahora me pregunto si Lenny es del tipo corporativo, sólo que más joven que Dick y aún no tan refinado y hábil.

Connie se inclinó sobre la caja registradora para pasarme mi café con leche.

—¿Tu amigo querrá otra taza de café? —preguntó.

—No sé. Sí. ¿Sabes qué está tomando?

—Ya lo creo. Café tostado a la francesa, negro —susurró ella—. Ha tomado cinco tazas en la última hora. Me sorprende que no se haya caído de la silla. Espero que hayas traído tu protector contra descargas eléctricas —con las mangas de la blusa arremangadas para hacer frente a la invasión de clientes matutinos, Connie aún tenía tiempo para ofrecer un consejo amistoso.

Cuando me reuní con él en su mesa, Lenny miró el café que puse frente a él y colocó una carpeta negra de tres argollas delante de mí. Como es lógico, decir "gracias" no estaba en el guión.

—Por lo general hago la presentación en una computadora, ya sabes, la pongo en una pantalla, si es posible. Así fue como Frank la vio. Sin embargo, la probé antes de que llegaras. Hay mucho reflejo aquí. Así que tendremos que usar la versión aburrida.

Aquí viene. El *rollo*. La gente me presenta ideas de nuevos negocios dos o tres veces a la semana. Si quisiera, podría oír un discurso de estos diariamente: todo el día, cada día. Así como todo el mundo en Los Ángeles tiene un guión cinematográfico, todos en Silicon Valley tienen un plan de negocios —la mayor parte de ellos, relacionados con Internet. He estado en Silicon Valley y trabajado en compañías de nueva creación desde principios de los 80: compañías que inician operaciones, escisiones, integraciones, lo que quieran. Mi número no figura en la guía telefónica ni en la lista de ningún directorio profesional. Si no conoce a alguien que yo conozca, no podrá localizarme.

Me pregunto qué tendría en mente Frank cuando me arregló esta cita con Lenny. Prefiero hilar las ideas, considerar cada posibilidad, aguijonear y provocar, sostener un toma y daca constructivo en torno a un concepto de negocios. No creí que fuera a haber mucho de eso con Lenny. Miré por la ventana al soleado día californiano, las hojas de los eucaliptos susurraban en la brisa.

—Antes de que empieces, Lenny, dime cómo conociste a Frank —advertí.

—Él es, mmh, amigo de un amigo. Le hicimos la presentación el lunes y pareció interesado. Quería que nos reuniéramos contigo enseguida.

No puedo evitar la suspicacia: una charla rápida antes de que Frank y sus socios celebren su reunión semanal para comprar y estudiar nuevos tratos. Era obvio que Lenny no conocía a Frank en absoluto. Gracias, Frank. Me debes una.

Frank es una figura de primera línea en el mundo del capital de riesgo, a quien conozco desde que recaudé fondos para GO. Su compañía es "de alto nivel", término que se reserva para las empresas que tienen un historial de éxitos tan largo que la simple mención de sus nombres infunde confianza instantánea y una enorme atracción para las compañías de nueva creación. Nos mantenemos en contacto. Hace unos días me telefoneó para decir que iba a enviarme un posible candidato.

—Un tipo vehemente —me confió—, se trata de una idea extraña, pero tal vez "interesante". Si te agrada, quizá podamos trabajar en esto juntos.

—¿A qué te dedicas, Lenny?

—Vendo seguros de vida colectivos, ofrecidos por las compañías como parte del paquete de prestaciones a sus empleados. Manejo cuentas nacionales. Así que viajo a la costa oeste cada dos o tres semanas. He sido el líder en ventas de la compañía en los últimos dos años. He vendido millones de dólares.

Lenny hizo una pausa momentánea y deslizó una especie de documento legal al otro lado de la mesa.

—Traje un acuerdo de confidencialidad. ¿Serías tan amable de firmarlo antes de continuar? —por un segundo su vasta confianza en sí mismo flaqueó.

Sin mirarlo, se lo devolví a Lenny.

—Veo a docenas de compañías cada mes, Lenny. No puedo firmar un acuerdo de confidencialidad. Me expone a una responsabilidad involuntaria. Mi integridad es mi garantía. Si

Frank te mandó conmigo, él puede responder por mí. Si no te sientes cómodo, no me digas nada que, en tu opinión, sea un secreto comercial. Frank no firmó un documento de esta índole, ¿verdad?

—Ah, no. Sólo pensé que... —repuso Lenny, titubeando momentáneamente—. De acuerdo. Permíteme empezar.

Abrió la carpeta. Era una presentación profesional, del tipo que uno ve en las salas de consejo todo el tiempo. Sacó del bolsillo un puntero plegable. Lo extendió unos cuantos centímetros y golpeó levemente la portada.

—Queremos llamar a este negocio "Funerales.com", pero una agencia funeraria de Oklahoma ya posee el URL —explicó—. Cuando consigamos el financiamiento, compraremos los derechos del nombre.

Funerales.com. Ay, Dios. ¿Qué seguirá?

—Comprendo —dije. Debajo del título estaban la fecha y las palabras "Presentación a Randy Komisar". Probablemente iba a leerme la frase en voz alta.

—Presentación a Randy Komisar.

—No es necesario que me lo leas, Lenny —aclaré—. Sólo dime de qué se trata.

—Desde luego, si así lo prefieres —dio vuelta a una página que proclamaba, en un mazo de letras en negritas: "El Amazon.com de productos para funerales".

Vaya, ésa sí que es novedad.

—Esta oportunidad se va a esfumar pronto, pero si actuamos de inmediato, podremos convertir esto en el Amazon de los servicios funerarios —observó Lenny—. Va a ser grande. El mundo está girando alrededor de Internet, te explicaré eso en un momento, y estos productos también se venderán ahí. Internet está cambiando la manera en que vivimos, y cambiará la manera en que morimos. Alguien va a aprovechar esta oportunidad y se va a hacer millonario —o se irá a la quiebra, pensé yo— y creemos que nosotros debemos tomarla.

Página siguiente: "Ingresos proyectados".

—En el primer año completo después de iniciar operaciones, esperamos 10 millones de dólares en ingresos. Cincuenta millones el segundo año. Al tercer año empezaremos a tomar nuestro verdadero paso: 100 millones —Lenny hizo una pausa para permitirme asimilar el efecto—. Es emocionante, ¿verdad? Hablamos *en grande* —esperó mi respuesta y enseguida se inclinó para susurrar en tono de complicidad—: A la mayoría de la gente no le gusta hablar de esto. Los seres queridos que se van. Pero eso es parte de la oportunidad. Lo entiendes, ¿cierto? Es un obstáculo competitivo, una barrera que entorpece el ingreso a este mercado. Mucha gente no quiere hacerlo. ¿Tú sí? —Me miró, pero no esperó una respuesta sincera—. Yo no me atrevería, si no estuviera tan entusiasmado con la idea.

Hasta esta última línea, la charla de Lenny sonaba como docenas de otras que he oído. Todo el mundo va a ser el Amazon, o el Yahoo!, o el eBay del negocio de......... usted llene el espacio. El destino manifiesto. Millones, incluso miles de millones de dólares de la noche a la mañana. Luego la compañía se liquida, o se realiza una oferta pública inicial de acciones y a cobrar se ha dicho.

—¿Sabes qué es lo que hace a este negocio tan emocionante? —preguntó.

Esperé. Una ráfaga de aire tibio primaveral se coló por las puertas abiertas del Konditorei.

—La gente se muere, ésa es la razón. Es inevitable. Matrimonio y mortaja... ya sabes. No importa si eres rico o pobre, en qué crees, dónde vives, cómo vives, qué piensas. Al final, todos tenemos que morir algún día, y nosotros vamos a estar ahí, listos para proporcionar los productos que la gente tiene que comprar. ¡*Debe* comprar! Ése es el punto. ¿Comprendes? No se trata de mirones que visitan tu sitio. Éstos no son ojos. Son personas que necesitan lo que Funerales.com ofrece, porque todo el mundo muere. Y cuando alguien muere, tiene que haber un último día de compras para aliviar una vida de culpa. Comprar todas estas cosas, cosas caras, cosas que tienen un elevado margen de utilidad —golpeó la mesa y recalcó la palabra "cosas" cada vez que la pronunciaba—; todas estas *cosas, cosas* caras. Y no hay que andarse con rodeos. Son necesidades dirigidas al mayor mercado del mundo, el mayor porque incluye a todos. *Todos* —de nuevo hizo una pausa para que el efecto fuera más impresionante—. Ése es el negocio y es el negocio ideal, porque no tienes que convencer a nadie de que necesita lo que tienes. Lo saben, amigo, lo saben. Nosotros vendemos la solución que todos quieren al final. No se trata de crear demanda, sino sólo de dirigirla, hacia *nosotros.*

Avergonzado, recorrí la cafetería con la mirada. Lenny debió haber pedido a todos los que se hallaban en el Konditorei que firmaran un acuerdo de confidencialidad. Claro, tal vez él nunca vuelva a ver a estas personas, pero son mis conocidos. Connie puso los ojos en blanco. Después de haber oído tantos argumentos de ventas, se sabía el cuento de memoria.

Página siguiente: una gráfica sombreada, probablemente de esas que se venden listas para usarse en cualquier tienda grande de artículos de oficina en el país. La descarada gráfica "Crecimiento proyectado" traza inevitablemente el contorno de un palo de *hockey* y presupone que un corto periodo de inversión quedará en el olvido gracias a años de incrementos exponenciales en lo que sea: ingresos, ingresos netos, utilidades, clientes, cadáveres. El gráfico de Lenny ilustraba sólo los ingresos, desde luego que no se mencionaban las utilidades porque, al final de cuentas, se trataba de un negocio en Internet.

—Cien millones de dólares en tres años, fácil —Lenny golpeó con el extremo del puntero la barra más alta del gráfico—. Quién sabe hasta dónde puede llegar. El potencial es ilimitado, y en tres años entra en juego la estrategia de salida. Tal vez una oferta pública inicial de acciones. Depende del mercado bursátil. O quizá una compra de la compañía por parte de sus ejecutivos.

—Llegar a tener ventas por 100 millones de dólares en tres cortos años no es decir poco —advertí.

Procedí a explicar que a finales de los 80, yo había sido uno de los fundadores de una compañía de software, Claris Corporation, que llegó a tener ingresos del orden de 90 millones de dólares anuales en tres años y, por si fuera poco, era lucrativa. Eso ocurrió cuando 90 millones de dólares eran 90 millones, no como ahora que 90 millones sólo en opciones sobre acciones son como morralla. Recuerdo muy bien cuánto trabajo arduo y buena suerte tienen que ir de la mano para que esto ocurra.

—¿Vender software? No te ofendas, pero, ¿cuánto significaba eso? ¿Cien dólares por programa? ¿Doscientos? Esto implica miles de dólares por venta. Miles. Estoy hablando de algo radicalmente distinto. No hay comparación. Además, estas cifras sólo incluyen a Estados Unidos. ¿Me explico? Sólo Estados Unidos. Sin embargo, la gente muere en todas partes, ¿cierto?, no sólo en este país. Este negocio es verdaderamente global. El mercado mundial de estos productos triplica o cuadruplica por lo menos el mercado estadounidense; decenas de miles de millones de dólares, fácil.

Imaginé a un tibetano ordenando la opción de la economía de "córtese a machetazos en trozos pequeños y arrójelos a los buitres". ¿Cómo podía Lenny calcular esas cifras?

—Permíteme decirte algo que creo absoluta, definitiva y sinceramente es la verdad evangélica —Lenny se inclinó hacia delante y sus ojos oscuros me miraron fijamente—. Tendrías que convencerme —se golpeaba el pecho cada vez que decía "convencerme"—, *convencerme* de que estas cifras son una exageración. ¿Una exageración? No lo creo. Mira, alguien va a hacerlo. No me cabe la menor duda. Y yo digo, ¿por qué no nosotros? *¿Por qué* no nosotros?

Era evidente que Lenny no hacía preguntas para obtener respuestas, así que esperé a que continuara después de una pausa dramática.

—Y no estoy solo en esto —dio vuelta a una página de citas de analistas y pronosticadores.

Empezó a leer la primera en voz alta, de Jeff Bezos, fundador de Amazon.com, que decía algo así como "la migración de los cuatro billones de dólares de la economía global hacia Internet".

Levanté la mano para leer en silencio. En un mundo poblado de gente que piensa que Internet y el universo están convergiendo, innumerables proselitistas están dispuestos a respaldar cualquier tipo de esquema disparatado como si fuera la gran cosa. Sin embargo, Bezos merecía ser leído. Noté que no hacía ninguna mención de funerales o ataúdes.

—¿Has ido a una funeraria últimamente? —preguntó Lenny de repente.

—Bueno, no —confesé, no había ido.

—La mayor parte de la gente preferiría que le extrajeran una muela de raíz. Las investigaciones revelan que la gente piensa en las funerarias como lugares siniestros. No son un buen lugar para tomar decisiones que pueden ascender al precio de un auto pequeño. No vas ahí porque algo agradable esté sucediendo en tu vida. Vas a despedir a alguien, a decirle adiós para siempre. Todas las preguntas delicadas que rara vez te haces en la vida diaria parecen acechar en la habitación contigua, esperando el momento oportuno de saltar y apretarte la garganta. Ya sabes: ¿Qué pasa cuando uno muere? ¿Hay vida después de la muerte? ¿Seré el que sigue?

—Si pudieras responder *esas* preguntas en Internet —advertí—, ése sería un negocio fantástico.

—Ah, hay sitios que aseguran tener las respuestas, pero eso no es lo que pensamos hacer.

Lenny no se dejaba disuadir, ni con ingenio, ni con preguntas, ni con las miradas de soslayo que le dirigían los extraños sentados a la mesa de al lado.

—Luego viene la culpa: no hiciste las llamadas suficientes, no estuviste suficiente tiempo. No ayudaste lo suficiente. Cualquier cosa que hayas hecho, no fue suficiente. Ahora, por Dios Santo, tu amado padre difunto va a tener el ataúd de sus sueños.

Hizo una pausa y me miró, ligeramente indignado. ¿Acaso era yo el tonto doliente que estaba a punto de saltar para apoderarse del ataúd más caro o el director de pompas fúnebres maquinador, que lucra a costa del sufrimiento humano?

—¿Alguna vez has oído el discurso?

—¿*Tu* discurso?

—No, no. El sermón que te echan en una funeraria.

—No, nunca.

Se alegró.

—De acuerdo, permíteme preparar el escenario. Imagina que, de pronto, alguien muere.

Una vez más, Lenny atrajo la atención de todos.

—Alguien importante para ti. Estás desolado. El dolor te tiene de rodillas. Pero tú eres el que tiene que hacer todos los arreglos finales. Así que, primero, tienes que pensar a dónde ir. Nunca lo has hecho. Todo es nuevo. Si perteneces a una iglesia o sinagoga, puedes preguntar al sacerdote o al rabino. Es probable que te manden a una o dos agencias funerarias, y por cierto, es del dominio público, sabes, que la funeraria le da a la iglesia una pequeña dádiva a cambio, así que ahí te diriges. O buscas en la sección amarilla de la guía telefónica. O una conocida te dice que conoce a alguien que tuvo una buena experiencia en la agencia de Fulano de tal. Así que, con lágrimas en los ojos porque la luz se ha extinguido en tu vida, vas a la funeraria. Imaginas que todas son iguales, ¿no? Lo primero que te dicen es: "Estamos aquí para ayudarle". ¿Ayudarte? Lo dudo mucho. En el instante en que entras por la puerta, antes incluso, piensan en todo lo que pueden venderte. ¿Cremación? ¡Claro! ¿Qué le parecería un ataúd de doce mil dólares? Quemémoslo también, hay que mostrar respeto. Ah, y luego están los ataúdes sellados. Me encantan. Compra uno de esos, sólo cuestan unos cuantos dólares más, para que entierres al difunto y lo aísles de toda esa agua y tierra que hay allá abajo. Sin embargo, cuando lo sellas, las bacterias anaeróbicas pueden darse un verdadero festín. La putrefacción empieza...

Había ido demasiado lejos, considerando que nos encontrábamos en un restaurante. Jamás me permitirán volver a entrar.

—Lenny —interrumpí—, no tiene sentido seguir por este camino. Dame las conclusiones y ya —no tenía ganas de oír nada más del discurso normal que uno tiene que tolerar en las funerarias.

—Espera un momento —alguien, a dos mesas de distancia, gritó—. ¿Qué pasa con las bacterias anaeróbicas? —Connie lo calló.

—Pero, nunca has oído el discurso —continuó Lenny—. Eso fue lo que dijiste.

—No necesito la experiencia. La mayoría de tus clientes tampoco la habrán tenido. Si tu mercado es sólo para la gente que ha sido embaucada en su primer funeral, no se trata de un buen mercado.

No se dejó amilanar. De su carpeta sacó un folleto a cuatro colores y lo extendió frente a mí. Reprimí la sonrisa. Pese a que yo parecía ser el único objetivo a quien se dirigía su venta sepulcral, tuve que admirar su espíritu. Sabía lo que quería, y nada iba a detenerlo.

Me identifiqué plenamente con la sinceridad resuelta de Lenny. Hace años, cuando yo era un joven abogado recién llegado a Silicon Valley, representé a un cliente en una audiencia de arbitraje. Al contrario de lo que se ve en las películas o en los juicios sensacionalistas por televisión, muchos procedimientos legales son asuntos insulsos que se arreglan de manera cordial entre abogados que se conocen socialmente, pertenecen a los mismos clubes privados y comparten el pan. El carácter histriónico de los juicios es tan falso como la lucha libre profesional. Sin embargo, en esa época me importaba muy poco el código de cortesía de los abogados. Mi responsabilidad consistía en lograr que mi cliente ganara, y estaba dispuesto a hacer todo lo necesario para conseguirlo, incluso si eso irritaba a todos los presentes en el tribunal. Puse en entredicho casi todas las aseveraciones de mi oponente y no mostré respeto por mi estimado adversario, amigo del árbitro y, sin yo saberlo, un pilar del colegio de abogados de la zona. Al final de la audiencia, mi jefe, el socio principal en el caso, se volvió hacia mí moviendo la cabeza:

—Eres la peor pesadilla de un abogado. El tipo ha trabajado toda su vida para estar por encima de estas refriegas y tú lo atacas directo a la yugular. No te importa un comino, sólo quieres ganar —estaba confundido y consternado al mismo tiempo. Supongo que es privilegio de los jóvenes ser admirados y reprendidos por los sabios que los precedieron.

Lenny siguió adelante. El folleto mostraba la última moda en ataúdes: ataúdes metálicos en rosa y azul con forro de satín que hacía juego; ataúdes de nogal forrados de satín blanco, e incluso algunos ejemplares que parecían sarcófagos griegos. Todos los modelos tenían nombres, como los automóviles: Descanso apacible, Soledad, Puertas Celestiales.

—¿Hay alguno que se llame Santiamén? —pregunté.

—¿Santiamén?

—Sí, como cuando se dice que todo se está yendo al demonio en un santiamén.

Ni siquiera parpadeó.

—Mira esto. Mira esto.

Sacó dos plumas y empezó a escribir —al revés para que yo pudiera leer lo que escribía— cifras en dólares al lado de cada ataúd. Se trata de un truco que utilizan los presentadores para conservar la atención del escucha mientras escriben. Hasta entonces, Lenny me había demostrado su dominio de la Inevitable curva del crecimiento, y ahora el mágico Truco de escribir al revés. En algún momento en su presentación, si yo tenía la paciencia necesaria, Lenny seguramente reduciría el mundo entero a una matriz de cuatro celdas.

Hay que admitir que a Lenny le costó trabajo escribir los números al revés, ya que tenía que cambiar de la pluma roja a la negra y viceversa. Trazó dos números con mano poco firme, pero legibles, junto a cada uno de los ataúdes.

—El número rojo es el precio que, por lo general, cobran las funerarias —explicó al fin. Esas cifras variaban entre apenas un poco menos de mil y varios miles de dólares.

—El número negro es el precio de costo de la funeraria —todas esas cifras eran de cientos de dólares, algunas apenas pasaban de cien.

—Los márgenes que estos sujetos obtienen son desorbitados. Suben los precios trece o catorce veces sobre el costo. Se salen con la suya porque nadie se siente con ánimos de andar investigando. Todos piensan que los funerales tienen que costar miles y miles de dólares. Pero no es así.

Si nadie se siente con ánimos de andar investigando, me pregunté que significaba eso para el negocio.

—¿Con qué márgenes estás trabajando? –pregunté.

—Buenos márgenes, pero no asaltos en despoblado como muchas agencias funerarias. Ésa es la oportunidad. Podemos ofrecer precios más bajos que las demás funerarias y, pese a ello, obtener una buena ganancia.

—Así que se trata de una guerra de precios. Quieres competir con base en el precio.

Extendió la mano y pasó unas cuantas páginas.

—Precio, comodidad e información. Estamos en la era de la información, e información es lo que se vende en Internet. Te damos la información que necesitas acerca del producto en la tranquilidad de tu hogar. Nosotros investigamos los precios y los comparamos por ti en toda ciudad importante y, con el tiempo, en todas las ciudades y poblaciones. Las disposiciones federales obligan a las funerarias a dar precios por teléfono. No tienes que ir en persona. Así que las llamamos a todas y comparamos lo que cobran.

Hizo una pausa y en seguida continuó:

—En ocasiones tratan de negarse, de dificultar las cosas, implicar que es absolutamente indispensable que vayas personalmente. Son los taimados que me encanta atrapar. Solía atacarlos por teléfono, engañarlos. Ahora les sigo el juego, los dejo que se nieguen. Luego escribo a las autoridades gubernamentales y envío una copia de la carta a la agencia. Después, vuelvo a llamar y arremeto, sólo que esta vez tengo a las autoridades de mi parte, es una especie de golpe uno-dos, ¿me explico?

Bonita práctica comercial. Era evidente que algo acerca de la industria funeraria sacaba de quicio a Lenny.

—Muy convincente, ¿verdad?

Uno de los clientes asiduos del establecimiento, sentado en la mesa contigua, sonrió mientras se levantaba para marcharse, doblando con cuidado la sección de finanzas de *The Merc* y poniéndosela debajo del brazo.

—Muy convincente, muchacho, ¿me permites invertir? —me guiñó el ojo, al tiempo que salía, después de haber ofrecido lo que probablemente era la única tajada que Lenny sacaría de esta campaña de recolección de fondos.

—¿Cómo sabes que la gente quiere tomar estas decisiones en Internet? —pregunté.

Lenny se puso feliz. Aquí viene la charla sobre Internet, comprendí demasiado tarde. Se preparó y una vez más extendió la mano para dar vuelta a varias páginas en la carpeta "Presentación a Randy Komisar".

—Internet cambia todo. ¿Qué sentido tiene ir a la librería a comprar un libro cuando lo puedes pedir desde tu sofá y recibirlo por FedEx al día siguiente? ¿Para qué comprar boletos de avión en la agencia de viajes de la zona cuando puedes asumir el control de tu horario y precios en línea y recibir tu boleto electrónico en la sala del aeropuerto? ¿Por qué comprar leche en el mercado de la localidad cuando puedes marcar un recuadro y pedir que te la entreguen al medio día?

La interpretación del futuro que presentó Lenny me hizo sentir como prisionero en mi propia casa.

—¿Tienes una gráfica de utilidades en Internet?

Lenny me miró furioso.

Era una broma. Pocas compañías de Internet están dispuestas a hablar de utilidades, mucho menos de producirlas. Nadie sabe cuánto vale en realidad una parte de Internet, o qué modelos económicos serán los que produzcan utilidades a la larga, pero todos están seguros de que su parcela es tierra fértil, y están dispuestos a colocar sus apuestas antes de que alguien demuestre que puede cultivar algo en ella. El mercado lo decidirá todo con el tiempo, pero la lucha por apoderarse de la tierra está en marcha.

—No lo entiendes, ¿verdad? —preguntó Lenny—. Permíteme explicarte.

No bien había terminado de hablar, cuando emprendió otro discurso ensayado. Como es lógico, había creado módulos en miniatura de la presentación y en ese momento exponía el relativo a la economía actual de Internet, o la ausencia de ella, y por qué las compañías más astutas estaban creando su marca comercial y demarcando su territorio, a costa de las utilidades. Mencionó que él nunca invertiría en una compañía que esperara obtener utilidades en el futuro inmediato en Internet. En cuanto producen ganancias, se quedan rezagadas. Se trata de crecer o producir utilidades, etc., etc., etc. Me pregunté si habría suficientes operadores de bolsa para mantener a flote estos barcos que hacen agua.

Mientras Lenny continuaba arremetiendo, me imaginé fuera del Konditorei, viendo por la ventana al hombre de las presentaciones prepararse para otra entrada y preguntándome cómo era posible que el otro sujeto, o sea yo, se las arreglaba para seguir sentado muy quieto mientras la pelota venía hacia él. Mi secreto residía en contar mis respiraciones —dentro, fuera, dentro, fuera— mientras planeaba mi huida.

Su idea era fascinante hasta cierto punto, pero en general se trataba simplemente de otro plan para vender mercancías por Internet y, por si fuera poco, mercancías esotéricas. No era su intensidad lo que me molestaba. La espero de las personas que fundan compañías. Tienen que ser un tanto irracionales, apasionadas más allá del análisis. Si no mantienen firme su fe ante la duda, nunca alcanzarán el éxito. Sin embargo, Lenny funcionaba con el piloto automático conectado hasta la exasperación. Tendría que decirle a Frank que Lenny y yo conversamos, pero que en realidad nunca establecimos contacto. Frank tendría que sacar sus propias conclusiones.

Un teléfono celular sonó. No era mío, ya que yo no tengo. Lenny se interrumpió a media oración. Para referencia futura, descubrí una forma de interrumpir su presentación implacable. Volvió a timbrar. Abrió el portafolio que estaba en la mesa, sacó el teléfono apresuradamente y lo contestó .

—Habla Lenny –dijo, mientras se dirigía hacia la puerta sin decirme una palabra.

La descortesía es una buena excusa para marcharse. Tomé mi chamarra del respaldo de la silla y di un último vistazo al portafolio abierto de Lenny. Contenía pilas de expedientes, una amplia variedad de plumas, una fotografía familiar sujeta con un clip, un frasco chico de Pepto-Bismol y una especie de sandwich casero —¿quizá de atún?— que rezumaba por la orilla de la envoltura de plástico. Bueno, pensé, alguien lo ama lo suficiente para prepararle un sandwich. O tal vez coma alimentos preparados en casa para ahorrar dinero.

Le dije a Connie que regresaría más tarde. Prometió reservar mi mesa de siempre. Ambos observamos a Lenny mientras se sentaba a una de las mesas junto a la puerta abierta. Ajeno por completo a la posibilidad de que alguien escuchara su conversación, discutió y suplicó por el teléfono.

—¡Espera! No habrás aceptado, ¿verdad? Dijiste que... seis meses. No, un mes más... hicimos un compromiso.

—Parece que está en aprietos —comentó Connie.

—Creo que alguien esta tratando de zafarse del negocio —repuse.

—No, no, es muy importante —gritó Lenny—. Recuerda lo que dijimos después del funeral de mi padre.

—¡Conque sí! —exclamó Connie—. Alguien murió. ¡Lo sabía!

—No, no cien —argumentó Lenny—. Komisar es apenas el número veintiséis.

—¡Vaya! –dijo Connie—. ¿Veintiséis? Estás progresando. Mereces una mesa mejor.

—No, le encanta –explicó Lenny—. Ya veo... está en... Frank... fináncialo.

—Ahora entiendo —comentó Connie—. Estás a punto de salir corriendo a tu casa a buscar tu chequera, ¿cierto?

Puse los ojos en blanco.

—Escucha... un mes más. Sólo un mes... por favor. Por favor. Dame... —todavía estaba hablando, pero, para mi sorpresa, bajó considerablemente el tono de voz, de tal suerte que no podíamos oír lo que decía, a pesar de aguzar el oído hacia la puerta. Se desplomó, mudo, como si le hubieran sacado el aire.

—¿Se encuentra bien? —Connie me preguntó en un susurro.

Estaba sentado inmóvil, con la cabeza agachada, y el teléfono colgaba de la mano.

Tuve que admitir que era otro Lenny. Por un instante, me preocupé un poco por él.

Lentamente, Lenny se incorporó y recobró la compostura. Se llevó de nuevo el teléfono a la oreja y volvió a hablar. Las palabras "dos semanas más" resonaron con claridad .

—Y bien, señor Última Oportunidad Veintiséis. ¿Ya te vas? —Connie quiso saber. Me miró fijamente—. ¿Quieres otro café con leche? —preguntó al fin—. Cortesía de la casa.

Tal vez no era el momento más oportuno para salir a hurtadillas. Aún tenía tiempo para llegar a mi próxima reunión, y por todas sus bravuconerías, un consejo no le vendría mal a este muchacho.

Me quité la chamarra.

—A mi amigo aquí presente –repuse— le gustaría tomar un café descafeinado.

Capítulo dos

LAS REGLAS
DEL JUEGO

LO MÁS PROBABLE ERA QUE LENNY, AUNQUE DESANIMADO POR EL momento, volviera a la vida de un momento a otro y reanudara su historia sobre las bacterias de la putrefacción, tal vez a la mitad de la comida. Entonces, ¿por qué no me fui?

Por un par de razones, supongo.

Los padres de mi padre eran inmigrantes rusos. La familia de mi madre vino en barco desde Alemania. Ambas parejas de abuelos dejaron su patria por un mundo nuevo y desconocido. Fue aceptar el desafío de alcanzar un sueño, simple fe. Detecto un gen común entre los inmigrantes y empresarios que se separan de su grupo para realizar sus sueños. Admiro a la gente que está dispuesta a jugarse el todo por el todo por una convicción. Algunos de estos audaces individuos, sean inmigrantes o empresarios, producen un efecto profundo en lo que ocurre en el mundo. Apuestan al futuro, a pesar de tenerlo todo en contra. Percibo cierto heroísmo en sus acciones.

La otra razón es todavía más sencilla. En una o dos ocasiones, en la historia de mi vida, he recibido la ayuda de personas que debían haberme echado a la calle por mi perjudicial e ingenuo fanatismo. Desde entonces, me he mostrado compasivo ante las dificultades de los verdaderos creyentes.

Llevé el café de Lenny a su mesa en la acera. Los comerciantes del centro llegaban a abrir sus diferentes negocios: una boutique de ropa para damas, un establecimiento de alquiler de vídeos, una licorería célebre por sus excelentes vinos. Todos se detenían en el Konditorei para tomar su café matutino, platicando en forma amena. Ningún centro comercial virtual podría reemplazar jamás esta sensación de estar en un pueblo. La tecnología tiene sus limitaciones.

Todavía preocupado por la llamada telefónica, Lenny se sorprendió de verme y empezó a levantarse.

—Iré por la presentación —indicó—. La terminaremos aquí afuera.

—Siéntate, Lenny. Vamos a conversar.

—¿Qué le dirás a Frank? —preguntó mientras bebía un sorbo de café. Ansiedad y frustración cruzaron por su rostro pálido.

—Realmente no lo sé. Si Frank me llamara en este momento, tendría que decirle que no acabo de entenderte, ni tampoco de qué se trata Funerales.com.

Lenny se inclinó hacia delante para protestar, pero lo interrumpí.

—Lenny, he visto muchas ideas fantásticas: Palm Pilot, WebTV, Intuit. Todos los que las defendían lucharon con intensidad en un principio, pero perseveraron ante muchos escépticos.

—¿Luchar? Hay gente interesada en mi proyecto —contestó él, evidentemente ansioso por tranquilizarse.

—¿Ya tienes algún acuerdo formal?

—Aún no.

—Entonces, ¿qué interés tienes?

—Cuatro o cinco capitalistas de riesgo opinan que es una idea genial. Quieren que vuelva a verlos cuando el proyecto esté más avanzado. Si logro conseguir un inversionista inicial que goce de credibilidad, los demás seguirán su ejemplo.

Ah, era lo que pensaba. Los capitalistas de riesgo no tienen la intención de dar un "no" rotundo . Un "no" de un capitalista de riesgo es tan raro como el "no" de un asalariado japonés. A menos que uno asalte a la recepcionista al salir o pinte letreros en sus automóviles alemanes, los capitalistas de riesgo rara vez te rechazan de manera absoluta.

El otro día, un prominente capitalista de riesgo describió lo despiadado que se había vuelto su negocio. Los viejos amigos se pueden matar unos a otros por cerrar un trato. Mi amigo había dado marcha atrás en una negociación justo cuando otra empresa se acercó al socio fundador. "Perdí la cabeza por obtener ese negocio antes de que se me fuera de las manos —aseguró". "Espera un momento —protesté—. Era un mal trato". "Claro —repuso él—, pero no podía permitir que nadie me lo robara".

Así que le pregunté a Lenny, ¿por qué iban a decirle que "no"? Tal vez mejoraría la idea o su equipo, o algún otro inversionista se entusiasmaría y entonces, los que suelen mantenerse al margen acudirían en tropel y exaltarían los ánimos de los demás. O, quien sabe, si no en esta ocasión, su próxima idea podría ser triunfadora. Lo mejor era mantener las puertas abiertas.

Mi comentario cayó como un balde de agua fría. Lenny se recargó en la silla. Frunció la boca y movió la cabeza. Tal vez lo había sospechado todos esos meses, pero no había sido capaz de admitirlo ni ante sí mismo ni ante su socia.

—De todos modos, estaban interesados —insistió—. Se notaba.

—Mira, ¿por qué no vemos a Funerales.com del mismo modo en que lo vería un capitalista de riesgo —propuse—. Un capitalista de riesgo plantea toda una serie de preguntas acerca de cada propuesta de negocios. Vamos a estudiarlas una por una y veamos a dónde nos llevan.

Interpreté su silencio como un sí. Estoy seguro de que habría preferido terminar su presentación, pero no le di opción.

Le expliqué que los capitalistas de riesgo quieren saber tres cosas básicas: ¿Es un mercado grande? ¿El producto o servicio que ofreces puede ganar y conservar una gran parte de ese mercado? ¿El equipo es capaz de realizar el trabajo?

A los capitalistas de riesgo les agrada elegir como objetivo mercados que ofrecen grandes posibilidades, en especial los mercados minúsculos que crecen con rapidez y se convierten en mercados grandes, como Internet. Si se trata de un mercado pequeño, las probabilidades de batear un cuadrangular para elevar la cartera de inversión y formarse una reputación no existen. El rendimiento de la cartera de un capitalista de riesgo es el promedio de todas sus inversiones, así que prefieren tener algo que les reporte un beneficio enorme y algunos fracasos que un montón de éxitos de poca monta. Si uno se desvía ligeramente del objetivo en un mercado grande, todavía tiene oportunidad de triunfar y, si triunfa, aún puede ser grande. Desviarse del objetivo en un mercado pequeño equivale a estar muerto.

—Y dime —pedí—, ¿de qué tamaño es el mercado de todos estos productos funerarios?

De acuerdo con las investigaciones de Lenny, hay más de dos millones de funerales cada año en Estados Unidos. El costo promedio de un funeral y entierro asciende a casi 7,000 dólares. Esto implica un mercado de 14,000 millones de dólares. Aproximadamente una tercera parte abarca los artículos que Funerales.com se proponía vender. Así, el mercado global de Lenny equivalía a 4,000 o 5,000 millones de dólares, un mercado bastante atractivo.

—¿Cuánto de ese estimado supones que se venderá por Internet?

—Tal vez 25 por ciento en tres años.

—Pero, ¿eso no te parece un problema, Lenny? Tus ventas proyectadas de 100 millones de dólares en tres años, ¿qué parte representan en las ventas totales de Internet de ese mercado?

—Diez por ciento, más o menos.

—¿Esperas tener muchos competidores?

—Claro que no. Tal vez un par, pero nosotros seremos el líder.

—¿Con diez por ciento del mercado? No cuadra.

Quizá un mercado de Internet de mil millones con veinticinco mil dólares era una conjetura demasiado aventurada, pero cien millones en ventas indicaba que no obtendría el liderazgo del mercado. Si eso era válido, suponía un problema, porque los principales capitalistas de riesgo sólo quieren invertir en los posibles líderes. A medida que la mayoría de los mercados crecen y se consolidan con el tiempo, sólo uno o dos de los principales participantes tienen probabilidades de ganar dinero y ver subir el precio de sus acciones. Por ello, es común que los planes prometan que la nueva compañía "dominará" su mercado. Si Lenny no pensaba así, los capitalistas de riesgo concluirían que algo andaba mal con su planeación o con sus ambiciones. Por otro lado, su participación de mercado podría ser mucho mayor al 10 por ciento, ya que el mercado electrónico total de artículos funerarios podría ser más pequeño de lo que él proyectaba. De todos modos, tendría que definirlo.

Funerales.com se enfrentaría a los mismos problemas que afectan a otros comerciantes detallistas de Internet: ¿qué parte del mercado de sus productos se trasladará a Internet? En el caso de Funerales.com, ¿el negocio encontraría la manera de desviar las ventas de las agencias funerarias de la localidad?

Lenny sólo podía tratar de adivinar. El supuesto de que los hijos de la generación de la posguerra estarían más dispuestos que sus padres a comprar estos artículos electrónicamente resultaba fundamental para su plan. En consecuencia, siguiendo su razonamiento, era importante delimitar el territorio ahora y prepararse para las cifras crecientes de integrantes de la generación de la posguerra que empezarían a engrosar el mercado funerario en las próximas décadas.

Por supuesto, el hecho de que prácticamente todas las personas con las que había conversado, incluyéndome a mí, pertenecíamos a la generación de la posguerra, no reconfortaba mucho a Lenny. Nos gusta pensar que tomamos decisiones frías y racionales, pero no muchas presentaciones obligan al espectador a contemplar su propia mortalidad.

—Entonces, ¿crees que Frank se interesaría más si disminuyéramos nuestro cálculo de la participación total de ventas vía Internet? —preguntó.

—No necesariamente. Eso podría dar como resultado un mercado demasiado pequeño para ser interesante. Supongo que calculaste tus ventas en sentido ascendente y proyectaste el mercado a la inversa. Sin embargo, o subestimaste tus ventas o sobreestimaste el mercado potencial. Si no te imaginas como el líder, o si crees que el negocio electrónico de los funerales es muy pequeño, no conseguirás mucho interés.

—Pero, pensé que podríamos demostrar, incluso de manera conservadora, que somos capaces de formar un negocio rentable y decoroso.

—Excelente, pero plantéalo como el "peor de los casos" en tu plan. Tal vez disminuyan algunos riesgos, pero esas cifras de participación de mercado no inspirarán a los inversionistas. Ni siquiera lo intentes si planeas apoderarte de todo el mercado. Entonces, calcula que habrá algunos competidores, pero mantén el punto del liderazgo. No vale la pena invertir en nada más.

—Bien. Me parece muy bien —garabateó algunas notas.

Puse los pies sobre una de las sillas blancas de plástico para jardín que suelen amueblar los cafés en Portola Valley. Cuando terminó, le pregunté:

—Lenny, ¿por qué es ésta una magnífica idea?

—Es un gran mercado, hay mucho dinero.

—¿Cambiará la manera como funciona el mundo? ¿Modificará la vida de las personas de algún modo significativo?

—¿Cambiar el mundo? Estamos salvando a la gente de los buitres que explotan el dolor. El sistema actual es terrible.

—Pero, en esencia, sólo estás cambiando la manera en que se vende y compra el producto, te estás poniendo como sustituto de los intermediarios del mundo real.

—¿Qué tiene eso de malo?

—Nada, tal vez sea una buena estrategia comercial. Sin embargo, ¿cómo imaginas este negocio dentro de cinco años?

—¿Cuatrocientos millones? ¿Quinientos millones? Quién sabe.

—Pero es lo mismo, ¿cierto? Los mismos productos vendidos de la misma manera.

—Sí —respondió, titubeante, como si algo se le escapara—. ¿Representa algún problema? —preguntó.

—No necesariamente, por lo menos para ciertos capitalistas de riesgo —repuse—. Vamos a la segunda pregunta. ¿Qué tipo de posición competitiva tendrás? ¿Qué hace únicos a tus productos o servicios y resulta suficientemente convincente para mantener a raya a los imitadores? ¿Eres capaz de delimitar una parte significativa de tu mercado y conservarla? O ¿cualquiera puede imitar lo que haces de la noche a la mañana?

Lenny explicó que las leyes federales dirigidas específicamente al negocio de pompas fúnebres creaban una oportunidad para su empresa. Las agencias funerarias deben aceptar los ataúdes suministrados por terceros, sin comisión. El problema es que las leyes extienden esa oportunidad a todos, no sólo a Lenny. Como otros comerciantes de Internet, dependería de las capacidades limitadas de los comerciantes tradiciona-

les para bajar los precios. Pero, con estos márgenes, quién sabe.
Y, ¿qué pasaría con la competencia basada en Internet? ¿Cuáles serían los obstáculos para impedir su ingreso?

Sus respuestas no fueron satisfactorias. No ofrecía nada que otro competidor no pudiera crear también. La clave de su negocio era la ejecución rápida. No hay nada malo en eso. Pero, en esencia, existía el riesgo de que, después de que Funerales.com se convirtiera en algo muy exclusivo para los demás, algún competidor más fuerte se mudara a la ciudad, o que algunos fanáticos de la velocidad en Internet alcanzaran a Funerales.com. No había refugios seguros, a menos que Lenny fuera capaz de hacer realidad el nuevo lema de Silicon Valley: "Crea tu marca".

—¿Cómo te encontrará la gente cuando te necesite? —pregunté—. ¿Cómo establecerá Funerales.com su marca y presencia? En el comercio electrónico todo depende de la distribución, darse a conocer, ser visto, y los guardianes de Web cobran un precio muy alto antes de otorgarte el acceso.

Su plan consistía en trabajar con la infraestructura no virtual existente: los departamentos de servicio social, hospitales, clero y asilos para ancianos, la gente que se entera cuando alguien muere. Actuarían como puntos de referencia. Pero, ¿le comentarían a la gente acerca de Funerales.com? ¿Esa publicidad verbal bastaría en la era de los portales de Internet?

—Precio, comodidad, ausencia de presión —enumeró—. Nos remitirán a la gente porque es una mejor manera de comprar.

—Hace un rato dijiste que cuando alguien muere, nadie quiere ir de compras —señalé.

Tomó una nota, probablemente un recordatorio para eliminar esa oración de su presentación.

—Tal vez algunos no, pero otros sí —rebatió.

—Además, nada impide que otros hagan la misma oferta —lo reté—. Si eso ocurre, ¿dónde estarás?

—Les llevaré tanta delantera que nadie podrá alcanzarnos —aseguró.

La posición de ser el primero en actuar tal vez confería cierta ventaja, pero no quedaba claro cuánta. La necesidad de moverse a velocidad vertiginosa es el legado de Internet. Por lo menos, el comercio electrónico obliga a todas las empresas a acelerar el ritmo para defender su territorio o ceder una valiosa participación del mercado a quienes se muevan con mayor rapidez que ellas.

—Si reforzamos ese punto en el plan, ¿habrá alguna diferencia para Frank?

—Necesitas estudiarlo. Es una pregunta interesante.

Tomó varias notas más. Mi café se estaba enfriando. Tal vez Connie tendría la amabilidad de calentarlo. Me volví hacia la ventana y le hice una señal. Ella no me hizo caso, y evitó deliberadamente ver hacia donde yo estaba. Qué falta de consideración.

—Eso nos lleva a la tercera pregunta —continué, al tiempo que me volvía hacia Lenny—. Tú y tu equipo. Su posición de ser pioneros reside en la ejecución rápida. Eso implica que la integración de tu equipo es más crucial que de costumbre, porque no tendrán tiempo para aprender en la práctica.

—Deberá ser un buen equipo.

Buscó en su portafolio lleno de expedientes y me entregó una copia de su plan de negocios.

—Contiene los currículos del personal —indicó.

En efecto, así era. Por desgracia, además de Lenny, sólo había otra fundadora identificada por su nombre. Se trataba de la gerente de mercadotecnia de una de las más grandes cadenas de agencias funerarias, por lo que ella sería la experta del campo. Como era lógico, no sospechó que yo había oído su conversación anterior relacionada con la despedida de su compañera de equipo.

Le comenté a Lenny que me preocupaba la falta de experiencia de él y de su socia en compañías de nueva creación. Eso aumentaba el riesgo. Las compañías de nueva creación son una especie única. Se puede decir que no les hacemos el menor caso en la actualidad, pero, de todos modos, no dejan de ser esfuerzos que exigen habilidades muy diferentes de las que se necesitan en las compañías ya establecidas.

Como los turistas en un safari, los altos ejecutivos de algunas de las compañías más grandes de Estados Unidos vienen a Silicon Valley a estudiar el estilo de vida exótico de los nativos. Llegan de Chicago, Nueva York o Dallas y creen que necesitan parecerse más a las empresas de nueva creación de Silicon Valley, aunque por lo general terminan rascándose la cabeza. Últimamente me reuní con varios ejecutivos de una compañía que vende empaques de alta calidad, que habían recorrido Silicon Valley de un lado a otro.

—"Pensamos que podríamos tomar un curso rápido de empresas en quiebra al estilo de Silicon Valley y aplicar las lecciones al realizar nuestros negocios. Sin embargo, este lugar nos resulta demasiado ajeno. Tendremos que asociarnos con alguien talentoso y experto en compañías de nueva creación y con los capitalistas de riesgo de Silicon Valley si de verdad queremos probar suerte en las actividades empresariales" —confesó un gerente de alto nivel.

Aun cuando las grandes compañías traten de establecer unidades pequeñas, tienen la fuerte presión de encontrar gente dentro de la compañía que las dirija con el mismo fervor y entusiasmo que la desesperación exige a las compañías independientes de nueva creación. Los detalles accesorios de las empresas establecidas —la cafetería de la empresa, el apoyo de oficina, la ilusoria seguridad en el trabajo, los planes de pensiones y todo lo demás que una organización grande está en posición de ofrecer— son incongruentes con la mentalidad de las compañías de nueva creación en Silicon Valley.

—A mí no me preocupa —refutó Lenny—. Tenemos un buen plan y sabemos cómo ponerlo en práctica.

Hojeé el material. Era una presentación bastante bien preparada: descripción del mercado, necesidad ya existente, estrategia de venta del producto, posicionamiento competitivo, plan de lanzamiento, proyecciones de ventas, pronósticos de gastos, índice de rendimiento sobre la inversión y de otros tipos, inversión requerida, flujo de efectivo. Todas las cifras que uno deseara saber. Primer año, segundo, tercero. Todo parecía emanar de una lógica inevitable. Lenny había descrito con algún detalle cómo planeaba dirigir esta empresa.

Pero, ¿cómo reaccionaría cuando la realidad arrasara con sus diapositivas de PowerPoint?

Cada vez resultaba más evidente que él creía que su tarea consistía en recaudar dinero y luego seguir su plan. En lo que a él se refería, todas las respuestas estaban ahí. Ése es el ejercicio que se realiza en las compañías grandes: poner en práctica el plan. Cada semana, mes o trimestre, el director de una nueva empresa se reúne con la dirección general e informa sobre los progresos realizados con respecto al plan.

Una vez fui miembro del consejo de administración de una compañía de nueva creación que había reunido su financiamiento inicial de un magnate de Hollywood. Se trataba del tipo de compañía a la que en Silicon Valley nos referimos cariñosamente como "Un mundo feliz". (El otro tipo se denomina con más sobriedad "Mejor-Más rápida-Más barata".) Esta compañía en particular imaginaba un negocio basado en un producto y servicio radicalmente novedosos. Como es natural, el plan de negocios contenía proyecciones detalladas, pero todo se basaba en supuestos que no podían comprobarse, poco antes de que se constituyera la empresa. Por supuesto, la compañía, en esa época, no se acercaba ni por asomo a lo especificado en el plan. Los socios encargados de la distribución no actuaban con tanta rapidez como se esperaba y su participación seguía estando fuera de nuestro control. El magnate, que había ganado miles de millones de dólares en la industria petrolera y el gas natural, estaba molesto y se mostró cada vez más irritado cuando se enteró de que la compañía no había alcanzado ni remotamente los objetivos del plan. Era un inversionista experto, pero no estaba familiarizado con las compañías de nueva creación tecnológica y el riesgo inherente a esta empresa lo ponía cada vez más nervioso.

Por último, después de otra angustiosa reunión del consejo, en la que uno de los subalternos del financiero gritó, amenazó con suspender el financiamiento e hizo pasar un mal rato a la gerencia, llamé aparte al sujeto. Le expliqué que en una compañía de nueva creación del tipo Mundo feliz, donde no existe un mercado, no hay competidores establecidos ni un modelo económico, uno literalmente inventa el negocio sobre la marcha. Era absurdo, advertí, sujetar al equipo al plan original. Le pedí que observara los adelantos que habían hecho en todo lo que estaba dentro de su control, como la calidad de la organización y la condición del producto. Era necesario estar alerta y ser flexibles a fin de aprender a medida que el negocio progresaba. Ésos eran los indicios adecuados de éxito en ese momento, no el plan. Era evidente que el equipo de administración estaba trabajando duro para cerrar un trato con los distribuidores y estudiaba otras estrategias opcionales. Desde cualquier parámetro, salvo el plan original, este equipo estaba haciendo un excelente trabajo. El uso principal del plan viene al principio, expliqué, para demostrar que los fundadores son inteligentes, capaces de estructurar el concepto del negocio y expresar una visión del futuro. Más adelante, el plan ayuda a identificar problemas que se reflejan en la propia estrategia de la compañía. Así el subalterno del financiero se tranquilizó, pero su jefe nunca llegó a comprender el asunto; abandonó la compañía antes de que se vendiera en más de quinientos millones de dólares.

—Lenny —proseguí—, dudo mucho que tu plan abarque todo el camino. Hay demasiadas incógnitas. Vas a necesitar gente capaz de navegar sin letreros en las calles. Los integrantes del equipo de trabajo, así como su experiencia, son algo a lo que los capitalistas de riesgo van a prestar una gran atención.

Le dije que los capitalistas de riesgo invierten ante todo en la gente. El equipo tendría que ser inteligente e incansable. Sería necesario que cada uno fuera competente en su área, aunque no necesariamente un experto. Además, necesitarían ser flexibles y capaces de aprender con rapidez. Les llegaría mucha información acerca del mercado y la competencia poco después de iniciar operaciones. Tendrían que corregir el rumbo en un santiamén; perfeccionar la estrategia, tal vez radicalmente. Este equipo tendría que sentirse cómodo en medio de la incertidumbre y el cambio. Es por esa razón que los capitalistas de riesgo buscan gente con experiencia en compañías de nueva creación, que haya demostrado que es capaz de prosperar en medio del caos. Eso disminuye considerablemente los riesgos de sufrir fracasos.

—Si logramos que un capitalista de riesgo invierta el dinero —dijo Lenny— y que luego trabaje con nosotros para llenar las lagunas en nuestra experiencia, saldremos adelante.

Si Lenny confiaba en que el capitalista de riesgo proveyera la experiencia de la que carecía su equipo, estaba confundido respecto a los capitalistas de riesgo y su función. No era el único.

Las compañías de capital de riesgo tienen un gran negocio: el de las inversiones. Consiguen dinero de sociedades limitadas y su deber consiste en devolver a dichas sociedades un rendimiento que refleje el riesgo asumido con ese dinero y generalmente supera lo que podrían obtener de otras inversiones. Por ese trabajo, el capitalista de riesgo recibe una remuneración y una obligación; un porcentaje de los tratos es gratis.

Al principio, los capitalistas de riesgo a menudo se rascaban con sus propias uñas para lograr que sus inversiones tuvieran éxito. Muchos provenían de funciones operativas y podían contribuir activamente a las empresas que financiaban. La suma total que tenían que invertir era insignificante en comparación con la que se necesita actualmente, lo que significaba que sólo podían realizar una cantidad reducida de inversiones por año, una cantidad manejable que les permitiera aportar su experiencia, junto con su dinero, a cada empresa.

Los financiamientos actuales son mucho mayores y, en ocasiones, se aproximan a los mil millones de dólares. Debido a esta magnitud, los capitalistas de riesgo necesitan invertir más dinero en más compañías para producir los rendimientos que atraen a los inversionistas. No es raro que un socio capitalista de riesgo sea miembro de una docena o más de consejos de administración. A eso hay que agregar las pesadas exigencias de dirigir sus propias compañías. En consecuencia, la mayoría los capitalistas de riesgo (incluso cuando dicen lo contrario) simplemente no tienen tiempo para dar la atención administrativa suficiente a las compañías que financian. Además, en contraste con los capitalistas de riesgo originales, que a menudo reunían años de experiencia operativa antes de convertirse en capitalistas de riesgo, muchos socios de las compañías actuales no cuentan con experiencia en alta dirección administrativa. Podrían trabajar en Wall Street tan fácilmente como en Sand Hill Road.

Con energía frenética y una tendencia natural a correr riesgos, estos ejércitos de buscadores de prospectos son astutos, trabajadores y dinámicos. Además de dinero, aportan relaciones y contactos para auxiliar a las compañías que financian. Estereotipados a menudo como capitalistas "buitres" que conducen autos de lujo, beben vinos costosos, coleccionan juguetes extravagantes y desean tener tiempo para darse el lujo de dedicarse a sus pasatiempos caros, son remembranzas de los amos del universo de Wall Street, o los jugadores de Los Ángeles, salvo por una cosa: sus apuestas construyen el futuro de manera excepcionalmente tangible. Mientras que sus homólogos de Nueva York y Los Ángeles se dan un festín de bistés con vetas de grasa adquiridos con el carnicero de la esquina, los capitalistas de riesgo alimentan, engordan y matan a sus propios novillos antes de la barbacoa. Si los quitaran del panorama, Silicon Valley y su auge financiero se vendrían abajo.

Unas cuantas compañías de capital de riesgo empiezan a reconocer las limitaciones de la situación actual "forzada hasta el extremo" y, por supuesto, hay excepciones notables a la tendencia actual. Sin tomar en cuenta el grado de atención que dediquen a una sola compañía, todavía son algunos de los héroes de la nueva economía.

No obstante, en los últimos años no han faltado capital ni ideas novedosas en Silicon Valley. El talento administrativo ha sido el factor determinante. Las compañías de nueva creación requieren una combinación extraña de habilidades y personalidad. Muchos de los más prominentes capitalistas de riesgo usan su credibilidad para atraer a personas talentosas y de renombre de las compañías estadounidenses, con la promesa de beneficios enormes en Silicon Valley. Esto garantiza que la nueva empresa zarpe de puerto sin percances. Pero, cuando una compañía pequeña de nueva creación se topa con problemas desde el principio, y a muchas, si no es que a la mayoría, les sucede esto, los oportunistas más acostumbrados a dirigir una empresa multimillonaria podrían descubrir que no poseen las habilidades necesarias para hacer funcionar una compañía nueva. Cualquiera puede navegar viento en popa. Las compañías de nueva creación suelen navegar contra el viento, con más agujeros que un colador, en alta mar, sin comida o agua. Si Lenny consiguiera el dinero que quería para Funerales.com, se enfrentaría a ese problema sin tardanza.

—¿Está muy comprometida la otra socia fundadora? —pregunté.

Por primera vez, Lenny apartó la mirada mientras hablaba.

—Se incorporará muy pronto en cuanto recaudemos suficiente dinero.

¿Me estaba mintiendo o se engañaba a sí mismo?

—Recuérdame cuánto necesitas —pedí.

—Cinco millones de dólares para desarrollar el servicio básico y la red de distribución, entablar relaciones con los fabricantes y desarrollar el proyecto. Podríamos empezar en seis meses.

No era una cantidad exorbitante, y consistente con la necesidad del capitalista de riesgo de invertir mucho dinero en cada negociación.

—¿Cinco millones de dólares a qué valuación?

—Veinticinco millones.

—Buena suerte —moví la cabeza. Lenny se engañaba. Buscaba una valuación cuantiosa para poder reunir los fondos necesarios para el financiamiento vendiendo el porcentaje más pequeño posible de la compañía, con lo que pretendía aumentar al máximo su propiedad de la empresa. En Silicon Valley eso se llama "dilución".

—Cincuenta millones en ventas en el segundo año harán que esa suma sea una verdadera ganga. Además, puedo mencionar comparaciones.

—Lenny, tienes una idea, una cofundadora y un plan de negocios. Nada que cause conmoción o inherentemente valioso, como un mercado exclusivo o una patente importante. Tampoco tienes historial. Necesitas volver a definir tus expectativas.

Tuve que explicar. La valuación implica tomar en cuenta los riesgos y los beneficios. Claro, 50 millones de dólares son un negocio de proporciones considerables, pero, ¿qué probabilidades hay de fracaso o demora? ¿Y cuánto dinero se necesitaría en total para tener éxito? Tendría que haber calculado la dilución a futuro en la combinación. En esta etapa, es muy probable que el principal capitalista de riesgo pretenda obtener alrededor de 40 por ciento del trato por su dinero.

Si Lenny consiguiera reunir 5 millones de dólares, 40 por ciento significaría que la valuación después de entregar el dinero, esto es, el valor de la compañía más los nuevos fondos, se aproximaría a los 12.5 millones de dólares. Si se resta la inversión, se tiene una valuación de 7.5 millones antes de recibir el dinero, el valor implícito de la empresa. Nada parecido a los 25 millones de dólares que Lenny indicaba.

Todo el mundo aquí alardea de la valuación, pero Silicon Valley funciona por impulso. Muchas veces advierto a una compañía que no acepte la valuación más alta posible en un financiamiento, porque establece expectativas erróneas y probablemente atraiga a inversionistas equivocados. Hay que apegarse al precio razonable más alto para recaudar la suma deseada entre los inversionistas *correctos*. Éstos aportan credibilidad, experiencia y relaciones. Apoyan con entusiasmo en las siguientes rondas. Elevan la valuación simplemente con su presencia en el trato.

La cantidad que debe reunirse es un intervalo con un límite mínimo, pero rara vez con un máximo pertinente. En un mercado reñido como el nuestro, hay que reunir el dinero suficiente para una pérdida neta en el primer año, suponiendo lo peor. Después hay que agregar lo suficiente para otros seis meses y tomar cualquier cantidad que se ofrezca razonablemente por encima de eso. Nunca he sabido que una compañía fracase por tener demasiado dinero. La dilución es nominal, pero quedarse sin dinero es fatal. Es necesario establecer expectativas razonables entre los inversionistas, no extorsionarlos y luego superar las expectativas. Las rondas futuras serán mucho más sencillas si se considera que uno está pasando por un momento positivo.

Si uno se obsesiona con la dilución, es posible que acepte menos efectivo y se centre como un maniático en cumplir metas cruciales para elevar la valuación antes de solicitar más inversión y experimentar más dilución. Sin embargo, hay que cuidarse del riesgo de producir resultados inferiores a los esperados, o aún peor, de caer víctima de los cambios en las actitudes o condiciones del mercado que harán las operaciones futuras más caras o incluso imposibles de realizar. Si uno sufre algún tropiezo, el ímpetu precioso se desvanece. Los mercados eufóricos actuales aconsejan tomar todo el dinero posible mientras el capullo está en el rosal.

Lenny tomó más notas. Dos amigos míos entraron ruidosamente en el Konditorei, absortos en su discusión. Tom insistía en que las acciones de eBay se vendían a 150 dólares cada una. Steve se mostraba incrédulo, como siempre, y refunfuñaba algo acerca de la manía por los tulipanes que se

puso de moda en Ámsterdam en el siglo diecisiete. Su debate
cobraba nueva vida todos los días sin producir jamás un gana-
dor evidente. Tom había invertido millones de dólares en empresas de nueva creación en Internet durante los últimos
años. Steve probablemente se las había arreglado para irla
pasando con una dieta balanceada de fichas azules y fondos
de inversión, pero insistía en que el que ríe al último ríe mejor.
Tomaron sus pedidos para llevar y agitaron la mano para despedirse, conscientes de que la puerta de mi oficina se hallaba,
por el momento, cerrada.

—Lenny —dije—, mencionaste tu estrategia de salida: li-
quidar o hacer una oferta pública inicial de acciones dentro
de tres años más o menos.

—Más bien una venta promocional —su explicación no
era sorprendente, puesto que la manera de crear un negocio
al detalle en Web se ha vuelto más o menos sencilla: recaudar
el capital; construir un sitio en el que se ofrece contenido
atractivo, divertido e informativo, así como un amplio surtido
de productos a precios muy bajos; concentrarse por completo en incrementar las ventas y la lista de clientes a una velocidad tremenda; ampliar la línea de productos; crecer con mayor rapidez; empezar a cotizar en bolsa; y que las utilidades y
los márgenes se vayan al diablo. Según la lógica de Lenny, un
comerciante al detalle en Internet que padezca de márgenes
negativos tal vez se interese a la larga en adquirir líneas de lujo
dirigidas a nichos específicos y márgenes de utilidad altos como
los que reportarían sus artículos para funerales. Lo más probable, aseguró, era que vendiera Funerales.com en dos o tres años
a uno de los detallistas más grandes de Web.

En lo personal, no pude imaginar a Amazon vendiendo
ataúdes, pero eso no era lo importante en ese momento. Había
una dificultad mayor.

—Ésa es una estrategia de salida para tus inversionistas.
¿Lo es para ti también?

—¿Para mí también? —la pregunta lo confundió. Después
de todo, ¿acaso no era él un inversionista?

—¿Es ésa tu estrategia de salida personal? ¿Planeas salirte?

—Sí, por supuesto.

—Si reúnes el dinero y llevas a cabo el proyecto —pregunté—, pero no resulta como planeaste, y no recibes la medalla de oro, o plata o incluso de bronce, ¿pensarás que perdiste el tiempo?

—Sería una desilusión —respondió. No dijo que lo consideraría un fracaso total, pero ése era el mensaje que transmitió su voz y la expresión de su cara cuando habló.

Reflexioné en ello un segundo. Era evidente que a Lenny le intrigaban mis preguntas.

—De acuerdo —dije—. Creo que ya tengo una idea mejor de lo que tienes en mente. Hablaré con Frank.

—¿Qué vas a decirle? ¿Vas a participar?

¿*Voy* a participar? Ésa era la pregunta. El mercado es enorme y bastante extraño. El plan de Lenny demostraba que sabía todo lo necesario sobre el negocio de morir. Dudoso, pero, ¿quién sabe? Funerales.com tal vez se convertiría en un gran éxito.

—Le diré a Frank que quizá valga la pena dar el siguiente paso y hacer ciertas diligencias —repuse—. Él planteará muchas de las mismas preguntas que yo acerca de tu gente y tu capacidad de crear una ventaja sostenible. Tendrás que ver a dónde te lleva eso.

—¡Fantástico! —Lenny se levantó de un salto de la mesa, ilusionado—. Entonces, ¿en esencia te gusta?

—Creo que Frank debe dar el siguiente paso.

—Entonces, ¿trabajarás con nosotros?

Con un "sí" y un apretón de manos, podría ofrecerle a Lenny un leve rayo de esperanza, después de semanas y meses de obscuridad.

—No lo creo, Lenny.

Se quedó boquiabierto un instante, y su rostro dejó traslucir la desilusión.

Capítulo tres

EL CEO
VIRTUAL

ALGUNAS PERSONAS DICEN QUE SOY UN ÁNGEL. EN EL MUNDO DE LAS compañías de nueva creación, los ángeles invierten en tratos iniciales que son la base para el desarrollo de otros y, con su dinero, brindan una pizca de asesoría. Pagan por el privilegio de ayudar a la compañía. Sin embargo, yo no soy ningún ángel.

Esto fue motivo de confusión para Lenny. Él suponía que yo era una especie de moderno inversionista de Silicon Valley.

—Pero tu análisis sobre el capital de riesgo indica que Funerales.com merece más atención —protestó cuando decliné su invitación—. Eso es lo que vas a decirle a Frank. ¿Por qué no quieres participar?

—Mira, no necesariamente veo las cosas como un capitalista de riesgo —expliqué cuando comprendí que mis comentarios lo confundían. Trabajo en Silicon Valley desde principios de los 80. Entiendo cómo funciona y piensa, pero no neceariamente veo las cosas de la misma manera.

—Si no estás interesado en ayudarnos, Frank tampoco se interesará —repuso Lenny con pesar.

—¿Eso dijo? —pregunté. A veces sucede. Un capitalista de riesgo, preocupado por la falta de experiencia de un grupo de fundadores, tal vez les pida que interesen a una cabeza canosa (o, en mi caso, una cabeza rapada) que cuente con alguna experiencia en la administración de compañías de nueva creación.

—No con esas palabras, pero pensé que si tú invertías...

En ocasiones invierto dinero en compañías, pero generalmente no en las de nueva creación con las que trabajo. Si invierto, me predispongo a pensar como inversionista y tiendo a dar trato preferencial a mis rendimientos en lugar de a lo que es mejor para el equipo y, a menudo, sus posibilidades comerciales a largo plazo.

Expliqué a Lenny a qué me dedico: incubo las compañías de nueva creación. Con ese fin, proporciono las mercancías más escasas de todas: liderazgo y experiencia. Ayudo a la gente a transformar sus ideas en compañías exitosas. No soy ángel ni consultor, sino que apoyo a los empresarios como una especie de socio de menor nivel, miembro de tiempo completo de su equipo, propietario y responsable de tomar decisiones, y no como empleado. Invierto mi tiempo y recibo a cambio una participación en las acciones patrimoniales de la empresa. Con ella, pienso como uno de los integrantes del equipo y me hundo o salgo a flote con los fundadores.

Algunas personas me llaman CEO (*Chief Executive Officer*, Director General) virtual. Cuando Steve Perlman fundó WebTV hace algunos años, acepté ayudarle en la puesta en marcha, primero como asesor y luego como miembro del consejo de administración. Poco a poco empecé a participar más activamente en la compañía, pero me negué a asumir la función tradicional de un ejecutivo empresarial. Un día, en 1996, Steve me entregó unas tarjetas de presentación que decían: "Randy Komisar, CEO virtual, WebTV".

El título se me quedó. Empecé a trabajar con un puñado de compañías a la vez. Por lo general, me dedico a una de ellas durante un año, tal vez dos. En ese periodo tenemos que ser capaces de recaudar dinero, desarrollar el producto o servicio, identificar el mercado, crear un modelo de negocios, comprobar sus principios básicos y contratar a un equipo operativo. Cuando el equipo empieza a trabajar, me retiro a una posición de asesoría y presto más atención práctica a la siguiente compañía que se creará.

Mi trabajo específico en cada una de las compañías depende de los antecedentes de los fundadores y los detalles particulares del negocio. Mi trabajo es improvisado. Aunque participo en todas las actividades de planeación y en la toma de las decisiones más importantes, no desempeño ninguna función operativa cotidiana. En el organigrama soy una burbuja alrededor del equipo de administración. Las compañías de nueva creación exigen ejecución frenética y perseverancia sin tregua. Mi función consiste en mantener la cabeza fuera del ciclón y ofrecer ideas, orientación y estabilidad. Trato de aportar a cada compañía la experiencia que he adquirido en recaudar dinero, establecer la estrategia, crear y dirigir equipos, entablar relaciones estratégicas, desarrollar productos y servicios, introducirlos al mercado, y negociar tratos. Además, pongo a la disposición de la compañía de nueva creación todos mis contactos en la industria.

Los buenos empresarios son visionarios apasionados, por lo general con uno o más talentos excepcionales, pero rara vez han constituido, en realidad, una compañía de la nada.

Lleno los huecos en su experiencia. El verdadero CEO es responsable, en última instancia, de todas las decisiones de la compañía. Como CEO virtual, simplemente ofrezco al equipo guía y liderazgo cuando hacen falta. Puedo hablar sin rodeos, si temo que no podemos darnos el lujo de equivocarnos. Sin embargo, el CEO está al mando; yo estoy ahí para ayudarle a alcanzar el éxito.

Cuando asesoro a una compañía de nueva creación, los fundadores *son* la empresa para mí. Ésta es una expresión de su visión colectiva. Como director de una compañía cuyas acciones se cotizan en bolsa, acepto el deber fiduciario que tengo con los inversionistas, pero en una compañía nueva, de propiedad privada, los inversionistas no tienen prioridad sobre los fundadores. Éste es probablemente el punto crucial en que mi pensamiento difiere del de un capitalista de riesgo.

—Lenny, vamos a aclarar algunas cuestiones —dije—. Necesito entender, en primer lugar, por qué vas a iniciar Funerales.com.

—Para demostrar que soy capaz de triunfar en este juego de las compañías de nueva creación —aseguró—. Y para volverme rico, ¿para qué otra cosa?

—De acuerdo —concedí—, pero, ¿qué vas a hacer si ganas el dinero? Tienes que hacer algo, eres demasiado joven para juntar cupones.

Encogiéndose de hombros respondió.

—Hay otras cosas que quiero hacer.

Ah... la cuestión esencial del caso.

—No tiene nada de malo —continué— cobrar y ganar mucho dinero, a menos que esas "otras cosas" a las que te propones llegar sean lo que preferirías hacer desde el principio.

Señalé su plan.

—Mi experiencia me dice que si haces esto por dinero, acabarás perdiendo tiempo y energía. El dinero nunca llega hasta que llega. Debe haber algo más, un propósito que te mantenga firme cuando las circunstancias sean poco prometedoras. Algo que valga la pena por el tiempo y energía inmensos que dedicarás a esto, incluso si fracasa.

Empezó a reorganizar sus expedientes, lo que le daba tiempo para pensar en su respuesta.

—¿Qué es lo que no entiendo? —no pudiendo contenerse más, explotó—. ¿No es así como funcionan las cosas aquí?

—Lenny, ese enfoque simplemente *no* me interesa. No tengo tiempo para desperdiciarlo en hacer crecer cuentas bancarias. Me doy cuenta como el que más que, en promedio, las compañías de nueva creación terminan por ser adquiridas con el tiempo. Por donde lo quieras ver, no hay motivo que justifique la cantidad de compañías independientes que estamos creando en Silicon Valley. Muchas son simplemente productos y servicios disfrazados de compañías. Lo acepto porque eso es lo que dicta el mercado, pero no puedo malgastar mi energía en una compañía cuyos fundadores no esperan lograr nada más que ganar unos dólares. Si estableces tus expectativas en un nivel bajo, casi garantizarás la mediocridad.

El Konditorei se había llenado del bullicio de niños pequeños. Uno o dos chiquillos corrían como enloquecidos y sus niñeras nórdicas los perseguían. Vi a una vieja amiga, Sarah, de mis épocas en Apple a mediados de los 80 y me levanté para darle un abrazo. Ella vive en las cercanías y ya tiene dos hijos; se casó con uno de los ex vicepresidentes de ingeniería durante la administración de Sculley. Le encanta montar a caballo, pero los niños parecen ocupar todo su tiempo. Sólo me la encuentro aquí, en el Konditorei. Siempre que veo a sus hijos, que crecen a paso veloz, me admiro de cuánto tiempo ha pasado. Más vale que me cuide. Nunca planeé envejecer en Silicon Valley.

Le presenté a Sarah a Lenny y luego volví a sentarme mientras ella se dirigía a su automóvil, amenazando con reunirnos de verdad uno de estos días.

—Sabes —dijo Lenny—, tengo que confesártelo, no entiendo nada de esto. Pensé que dirías que no te agradaban los productos. Que te resultaban demasiado escalofriantes. O que no te gustaba mi corbata. Pero, estamos en Silicon Valley, donde la gente se hace rica.

Sí, como no. El casino de los empresarios. Todo el mundo sabe el marcador. Consigue el capital de riesgo y págalo a tasas que harían palidecer a un usurero.

—No hablo de Silicon Valley —le recordé a Lenny—. Me preguntaste si estaba interesado, ¿recuerdas? Así es como veo los negocios.

Lenny levantó una ceja. Debe de haberse sentido como si se hubiera topado con una logia de francmasones renegados. Creía haber aprendido los apretones de manos secretos, las contraseñas, los rituales misteriosos. Sin embargo, era evidente que lo que había aprendido no funcionaba conmigo.

—¿Quieres decir que no debería hacer esto? —preguntó con tono acusador—. ¿Me estás diciendo que me dé por vencido? ¿Es eso lo que piensas?

—Desde luego que no. Jamás le aconsejo a nadie que se dé por vencido —respondí—. Tal vez no desee participar, o quizá piense que existen muchas probabilidades de que tu idea te rompa el corazón y quebrante tu cuenta bancaria, pero nunca hablo de renunciar.

—Entonces me gustaría saber tu opinión. Si conseguimos el dinero, incluso si tú no te incorporas, ¿qué opinas de nuestras posibilidades?

—Lenny, tu plan exige recaudar todo el dinero que puedas y emprender el negocio tan pronto como sea posible. Pronosticas que habrá un resquicio en el mercado electrónico para estos productos funerarios y necesitas llenar ese hueco rápida y completamente.

—Correcto —coincidió—. Es la prisa de esa tierra de Internet. Si queremos dominar el mercado, como tú dices, tenemos que correr con todas nuestras fuerzas, incluso si ello implica empezar hoy mismo.

La impaciencia de Lenny por arremeter era encomiable. No había duda de que coincidía con la manera en que el valle funciona en la actualidad. En los últimos años, un nuevo modelo de inversión se ha impuesto, ya que cada vez hay en juego más dinero, más tratos y se presta menos atención a las compañías en lo individual. Hay que llenar cada compañía de nueva creación con combustible para cohetes tan rápido como sea posible y lanzarla al espacio. Las que vuelan, vuelan, y si las demás estallan, *c'est la vie.*

—No es así de sencillo —advertí.

—¿De qué estás hablando? —Lenny quiso saber—. ¿Acaso no debemos actuar con rapidez?

—Lenny, piensas vender productos conocidos en un mercado existente. Tus competidores, por lo menos los del mundo material, son identificables. Todo ello indica que probablemente representas a una compañía de nueva creación Mejor-Más rápida-Más barata, y que tu objetivo es desbancar a las compañías establecidas. Tu mayor reto es que la gente comprará estos productos en Internet. Un reto enorme, por cierto, pero no se trata de neurocirugía. Así que el modelo de la nave espacial es tal vez el adecuado para Funerales.com. Debes subirte a ella y despegar tan lejos y tan rápido como te sea posible.

—Entonces, ¿cuál es el problema?

Expliqué que había dos dificultades. La primera se presenta a todas las naves espaciales de Web. Es demasiado prematuro para declarar vencedores a los que actúan primero en este mercado. Nuestra perspectiva es muy corta e influye en las lecciones que creemos estar aprendiendo. 3DO fue uno de los precursores de la así llamada industria de juegos de vídeo de la próxima generación; sin embargo, fue rebasada por completo por Sony y Nintendo, que entraron después en la competencia. Y ése es sólo un ejemplo. No es seguro que ser el primero en actuar proporcione a las nuevas compañías temerarias de Internet una ventaja competitiva sustentable. En última instancia, acertar o tener una mejor posición puede ser más importante que ser el primero.

—El segundo obstáculo —expliqué a Lenny— es que, pese a todo lo que se conoce acerca de tus productos y mercado, de todos modos enfrentas grandes interrogantes sin responder.

Como ocurre con la mayor parte de las compañías de nueva creación, el plan de Lenny planteaba preguntas que no podrían responderse sino hasta que lanzara en realidad Funerales.com. ¿Cuántas personas comprarían artículos funerarios en Web? En el caso de productos que evocan tan complejos niveles de emoción, ¿es posible prescindir del contacto humano? ¿Qué segmento del mercado responderá en Internet y qué productos específicos necesitará esa gente? ¿Cuál es la mejor manera de atraer a los clientes? ¿Cómo habrá que trabajar con las funerarias de la localidad para garantizar una experiencia satisfactoria a los clientes?

—Ninguna de esas respuestas es evidente, Lenny —indiqué—, pero cada una de ellas es crucial para el éxito. Tu cohete puede volar en la dirección equivocada y estallar, o quedarse sin combustible.

Lenny se mostró escéptico. No tuvo dificultad alguna para mencionar media docena de cohetes que volaban muy bien.

En realidad, el modelo del cohete espacial aplicado a compañías de nueva creación ha producido últimamente muchos de los éxitos más prominentes en Silicon Valley. Sin embargo, por cada una de ellas, hay muchas compañías potencialmente viables que podrían haber prosperado a la larga si se hubieran incubado más tiempo.

Cuando se inyecta mucho dinero, con demasiada rapidez, a una compañía de nueva creación, no hay cabida para errores. El producto y la posición inicial en el mercado tienen que ser correctos. No hay modo de que estas compañías se detengan a reconsiderar lo que hacen sin que por ello tengan que sufrir las consecuencias. Pierden ímpetu, y ese sentido de ímpetu, en función de la aceptación en el mercado, oportunidades de financiamiento, interés de sociedades y la capacidad de atraer a gente talentosa, es crucial en Silicon Valley. La temida "vuelta a empezar", amortizar el valor de una compañía y recaudar nuevo capital para darle otro rumbo al negocio, significa que todo el trabajo anterior fue en vano. Todo el mundo pierde, en especial los fundadores. Suele ocurrir que los sobrevivientes malheridos simplemente se liquiden al valor de sus activos, o se arruinen por completo.

Algunas compañías nuevas, en especial las del tipo Mundo feliz, necesitan proceder con mayor cautela, porque no hay precedentes que las guíen. Necesitan tantear el camino durante un tiempo y funcionar con base en ir corrigiendo errores. En esos casos, mi enfoque es diferente, porque el objetivo es optimizar la compañía, no maximizar un portafolio. Pongamos por ejemplo una de las compañías de nueva creación con las que trabajo en la actualidad. Ofrece un nuevo tipo de servicio de mercadotecnia y promoción por Internet, pero quién sabe cuándo y cómo vaya a crecer el mercado. Un típico capitalista de riesgo tal vez habría invertido dinero en este negocio y ejercido presión para hacerlo crecer antes de que contara con la experiencia suficiente con los clientes y el servicio adecuado. ¿Mi consejo? Hay que continuar en pequeño y ser flexibles por el momento, para mantenerse cerca del mercado, aprender de los posibles clientes y darse el lujo de cometer algunos errores. Es preciso sobrevivir a los errores para aprender y hay que aprender para crear éxito sustentable. Una vez que se conoce el mercado y el producto está totalmente desarrollado, entonces sí hay que actuar con prontitud y decisión. Si, por otro lado, descubrimos gracias a este enfoque que no hay mercado después de todo, no habremos desperdiciado carretadas de dinero.

—No me malentiendas, Lenny —dije—. Soy partidario entusiasta de actuar con prontitud. Hay ocasiones en que adoptar el estilo de cohete espacial es lo correcto. Tal vez sea conveniente para Funerales.com. Sólo digo que no es necesariamente el caso. Ésa es una pregunta importante que debes responder.

Eché un vistazo a mi reloj y me di cuenta de que era hora de marcharme. Me puse de pie.

El Konditorei se hallaba en el periodo de calma del mediodía. Sólo había unos cuantos agentes de bienes raíces que deseaban reanimarse con un poco de cafeína antes de enfrentarse a los primeros clientes desesperados del día. Vender demoliciones millonarias y mansiones multimillonarias es agotador. Por fortuna, la demanda supera con mucho la oferta en este mercado. Después de la primera docena de llamadas de regateo, por lo general es posible contar con compradores hambrientos de casas que cederán a la presión, sintiéndose agradecidos por el privilegio de comprar inmuebles declarados en ruina. Reconocí a uno de los agentes y lo saludé con un movimiento de cabeza.

—Oye, Komisar —llamó—. Tengo algo justo para ti, un lugar muy privado, encantador, inspirado en motivos asiáticos, en las montañas. Tiene una vista fabulosa y todavía no se pone a la venta. Si quieres te llevo a darle un vistazo.

—Sam, ya tengo suficientes preocupaciones como para comprar una casa nueva. Todavía no termino de pagar la que habito. Busca otro comprador "motivado". Es posible que tengas que levantarte de la silla para vender esta casa.

Lenny recogió el plan de negocios que todavía estaba sobre la mesa. Con el documento en la mano, hizo un último intento.

—¿Por qué no te llevas una copia del plan? Si tienes tiempo, te agradecería que conversáramos de nuevo acerca de él.

Acepté el paquete, a sabiendas de que casi no había posibilidad alguna de que volviera a leerlo. Oigo más de cien presentaciones al año y sólo puedo comprometerme con un puñado.

—No estoy desalentado —comentó mientras reorganizaba sus materiales—. He tenido problemas antes y los he resuelto.

—Me alegra oír eso —respondí. Lo dije en serio. Lenny tenía espíritu emprendedor. Poseía la determinación y la fuerza de voluntad necesarias para convertir obstáculos monumentales en meros baches.

Volvió a abrir el portafolio y sacó una carpeta gruesa. Leí la etiqueta: "Planes de negocios". Estaba repleta de documentos y tenía más de cinco centímetros de espesor. Lo sopesó, calculando su peso.

—He preparado seis, no, siete versiones del plan —explicó—. Cada vez que hago una presentación y alguien plantea una pregunta no cubierta en el plan, la respondo. Revisaré el plan en el avión esta noche para mejorarlo.

Una ráfaga de viento abrió las páginas.

—Por simple curiosidad, Lenny —pregunté, cuando tuvo las páginas bajo control—, ¿de dónde sacaste esta idea de los productos funerarios?

—Es un mercado concreto enorme, que tiene muchos problemas. Imaginé que era posible que Internet ofreciera la oportunidad de sacar provecho de esos problemas. Además, es una carrera de caballos y todos los demás caballos son lentos —o están muertos, pensé. Resistí a la tentación de hacer bromas sobre la muerte.

Su respuesta sonó poco sincera.

—¿Quieres decir que buscaste un buen negocio para empezar en Internet y *esto* fue lo que hallaste?

Titubeó mientras guardaba la carpeta.

—Sólo digamos que tuve cierta, este... experiencia con una funeraria.

Juntó las manos frente a él sobre la mesa y las miró.

—Así que también se trata de una venganza —comenté.

Lo pensó un momento.

—Me agrada más hablar de "justicia".

Empujó la silla hacia atrás y se levantó, mirándome directamente a los ojos.

—Perdona una pregunta personal —se disculpó—, pero por lo que Frank me dijo, creo que te ha ido bien. Así que, si me lo permites, antes de irme quisiera preguntarte ahora a ti. Si no es por dinero, ¿por qué *haces* esto? ¿Por qué estás todavía partiéndote el lomo en este lugar?

—No es una respuesta sencilla —respondí y traté de explicarme.

He llegado a darme cuenta, con el transcurso de los años, de que la empresa no es fundamentalmente una institución financiera. Es una institución creativa. Lo mismo que pintar y esculpir, una compañía puede ser la manera de canalizar la expresión personal y artística; en su esencia, es más un lienzo que una hoja de cálculo. ¿Por qué? Porque los negocios tienen que ver con el cambio. Nada permanece inmutable. Los mercados cambian, los productos evolucionan, los competidores llegan al barrio, los empleados van y vienen. Siempre hay un "hijo de Lenny" que amenace todo lo que uno valora.

La compañía es una de las últimas instituciones sociales que nos ayuda a manejar y hacer frente al cambio. La Iglesia está en decadencia en el mundo desarrollado, y ha cedido el liderazgo a un materialismo de proporciones sin precedentes. El ayuntamiento está supeditado al interés económico de sus circunscripciones. Así, sólo queda la compañía. Sin embargo, ésta muestra una tendencia a corromperse por la codicia y agresividad que, en el mejor de los casos, canaliza a la productividad. Si se deja al capricho de sus mecanismos pseudodarwinianos obtusos, tal vez nunca produzca los beneficios sociales que las otras instituciones en proceso de extinción prometieron alguna vez. No obstante, en vez de darme por vencido en los negocios, los veo como una manera indirecta de mejorar la situación de muchos y no sólo de unos cuantos afortunados. Acepto sus limitaciones y busco oportunidades de usarlos positivamente. En Estados Unidos, las reglas de los negocios son como las leyes de la física, ni inherentemente buenas ni inherentemente malas, y se aplican al gusto. Uno decide si su empresa es constructiva o destructiva. Ayudo a la gente a comprender esto y a expresarse en lo que hace, tratando de influir en sus circunstancias a través de los negocios.

Tal vez no era la respuesta que esperaba. Rió.

—¿Creatividad? ¿Expresión personal? ¿Influir en las circunstancias? —se preguntó—. Debe ser agradable, pero ésa no es mi experiencia. No puedo recordar cuántas ideas he aportado a mi compañía que han quedado en la nada. Luchamos por la rentabilidad. "Hay que vencer a las cifras. Hay que vencer a las cifras." Me di por vencido. Participo en el juego, hago mi trabajo.

No era de extrañar que contemplara la posibilidad de constituir una nueva compañía.

—No dije que todas las empresas fueran creativas o constructivas —respondí—. Sólo dije que en el fondo tienen el potencial para la expresión creativa y el cambio positivo.

Se frotó las manos como si tuviera frío.

—Ojalá fuera verdad —observó—, pero nunca lo he visto.

—Tardé años en comprenderlo —repuse—. No es obvio.

Me puse mi chamarra de cuero. Nos estrechamos la mano. Se quedó al lado de mi motocicleta mientras me ponía el casco y encendía el motor.

Parecía no saber qué decir. Otro día frustrante. Sin dinero. Su cofundadora a punto de abandonarlo.

—Me gustaría seguir en contacto contigo para hablar de esto, si no tienes inconveniente —pidió.

—Mándame un mensaje por correo electrónico. Ésa es la mejor manera.

Lentamente, me alejé de la acera. Era probable que Lenny y yo no volviéramos a vernos. No obstante, le deseé lo mejor. Otro optimista luchando por hacer algo que, si tenía éxito, allanaría el camino para lo que en realidad quería hacer, sea lo que fuere. Por el espejo retrovisor, alcancé a verlo de pie, solo en la acera, con el portafolio en una mano y la carpeta de expedientes en la otra.

Capítulo cuatro

EL PLAN
DE VIDA
DIFERIDO

LLEGUÉ A CASA YA ENTRADA LA NOCHE DESPUÉS DE CENAR CON unos viejos amigos en el Iberia, otro de mis lugares acostumbrados. Fue una reunión en la que aventuramos hipótesis, entre la paella y unas cuantas botellas de vino español, acerca de hasta dónde subiría el mercado y nos preguntamos si habría algún fondo si las circunstancias se deterioraban. Para mi segunda copa, estaba disertando sobre la metafísica de los negocios, las dimensiones humanas y sociales del comercio. Mis compañeros, todos ellos con diversos intereses en Silicon Valley, como fundadores, financieros o funcionarios, habían oído estas frases tantas veces que se concretaron a asentir levemente con la cabeza y trataron de dirigir de nuevo la conversación hacia los aspectos prácticos de comprar barato y vender caro.

Mi tarde se dividió claramente en dos partes: primero regresé al Konditorei para oír otra presentación de un grupo de advenedizos que proponían usar Internet para mejorar la atención, retención y recuperación de clientes. Luego asistí a una reunión de consejo de administración en la cual, dependiendo de la forma como se mire, luchamos con una reducción inminente de efectivo o preparamos la compañía para una oferta pública de acciones. Lo que parece un nubarrón para una persona es una oportunidad de vender paraguas para otra.

Mi esposa, que ya se había acostado, dejó una luz encendida. Debra es una alta ejecutiva con mucha influencia en Hewlett-Packard, en la actualidad una de las compañías más venerables de Silicon Valley, a décadas de distancia de sus comienzos difíciles. Tika y Tali, nuestras perras Ridgeback rodesianas, asomaron los hocicos por la puerta mientras la abría, golpeteando al unísono la pared con las colas.

Me quité las botas, me serví una copa de Calvados, y me dirigí a mi oficina para realizar la última tarea del día: revisar mis mensajes telefónicos y de correo electrónico. Al otro lado de las ventanas, las luces lejanas de San Francisco titilaban como la Vía Láctea.

Mi primer mensaje era de Frank:

A: randy@virtual.net

DE: frank@vcfirm.com

ASUNTO: ¿Vivo o muerto?

Randy:

¿Ya tuviste oportunidad de hablar con el tipo de Funerales.com? Idea insólita. Avísame qué opinas.

Frank

Frank, que es un hombre de cabello rubio rojizo, relajado, ex miembro de una fraternidad y egresado de la UCLA, es un tipo verdaderamente agradable. Sin embargo, su cordial afabilidad esconde un feroz espíritu de competitividad. Con sus casi cuarenta años ha estado en el negocio desde hace más de una década. Sabe mejor que nadie que es importante evaluar primero todos los aspectos de una nueva idea con precisión analítica, pero que, al final, la decisión de financiar o seguir con otra cosa es cuestión de instinto. Frank aplica todas las mediciones adecuadas, pero es su olfato el que le da la ventaja. Siente un profundo respeto por los emprendedores, aunado a una actitud inteligente hacia el desempeño. Retiraría su apoyo en un instante si pensara que uno de los fundadores no lo está aprovechando.

Sin embargo, hasta que recibí la nota de Frank, la mañana que pasé con Lenny se había convertido en un recuerdo lejano. Artículos funerarios. Bacterias. Alcanzar el éxito para luego cobrar y marcharse.

Oprimí "Responder" y tecleé mi respuesta:

```
A: frank@vcfirm.com
DE: randy@virtual.net
ASUNTO: Re: ¿Vivo o muerto?

Te echamos de menos en la cena de esta noche.
Todos los sospechosos habituales y la misma con-
versación de siempre: denigrando tu portafolio y
desestimando tus rendimientos como si fueran las
bendiciones de un inocente. Traté de defenderte,
pero fue en vano.

En lo que se refiere a Funerales.com, el mercado
de productos funerarios parece ser enorme, así
que merece considerarse con seriedad. El propio
Lenny me dio la impresión de ser brillante, enér-
gico y motivado, y también ingenuo e inexperto.
No cuenta con un equipo. Su plan está moderada-
mente pulido, pero incompleto, y su estrategia
limitada: muchos de los problemas fundamentales
todavía no están solucionados. En general, no en-
cuentro nada que me resulte de especial interés
```

```
en este caso, pero sería conveniente que reali-
zaras algunas diligencias adicionales debido al
potencial del mercado.
Saludos,

r
```

Releí la nota. Quería ser sincero y justo. Me resultaba difícil entender a Lenny. Su motivación y deseo eran palpables, y tenía todo lo que se necesita para ser un buen promotor, pero algo le faltaba.

Bostezando, oprimí "Enviar" y luego borré el mensaje de Frank. Caso cerrado.

Revisé los mensajes uno por uno: notas "Para su información" de algunas de las compañías con las que trabajo, unas cuantas consultas de amigos de amigos con propuestas para reunirnos para analizar nuevas ideas, y uno de mi hermana, la acupunturista en Boston, para avisarme de un nuevo remedio hecho con hierbas. Luego un mensaje de Lenny. Me fijé en la hora; lo había mandado mucho después de la medianoche en Boston.

```
A: randy@virtual.net
DE: lenny@alchemy.net
ASUNTO: Gracias
Randy:
Muchas gracias por haberte reunido conmigo esta
mañana. Aprendí mucho de tus reacciones y revisé
el plan de Funerales.com en el vuelo de regreso
a casa. Con tu ayuda, ahora es más fuerte.
Gracias.
Espero que tengas la oportunidad de darle un
vistazo al plan de negocios revisado que encon-
trarás adjunto al presente. Incorporé los cam-
bios que indicaste. Se trata de un mercado enor-
me, y alguien va a aprovecharlo en grande.
```

Avísame qué opinas respecto al nuevo plan. Espero que reconsideres la idea de trabajar con nosotros.

Gracias otra vez.

Lenny

Respondí:

A: lenny@alchemy.net
DE: randy@virtual.net
ASUNTO: Re: Gracias

Gracias por exponerme tus ideas acerca de Funerales.com esta mañana. Ya le di mi opinión a Frank, como dije que lo haría. Tienes razón. Alguien va a explotar el mercado electrónico de artículos funerarios.

Gracias por tu interés en que trabaje con ustedes, pero como te comenté en el Konditorei, no puedo entusiasmarme por un negocio cuya gran idea es ganar dinero. No tiene nada de malo, pero no es eso en lo que quiero invertir mi tiempo. Es una elección personal, no un juicio.

Buena suerte,

Saludos,

r

Terminé de responder los tres mensajes que aún tenía pendientes y pensé que al fin había terminado las labores del día. Entonces oí una señal: una respuesta de Lenny. Miré el reloj. Eran casi las tres de la mañana en Boston. Ese hombre no debe dormir.

A: randy@virtual.net
DE: lenny@alchemy.net
ASUNTO: Re: Re: Gracias

Randy:

Gracias por tu pronta respuesta. Me siento desilusionado, pero creo que te entiendo.

Si no te agrada la idea de Funerales.com, está bien, pero tengo que confesarte que salí de nuestra reunión sintiendo que te había causado una impresión errónea. Tu respuesta me hace tener la certeza de ello.

Todo lo que sabes acerca de mí es Funerales.com, y no quisiera que pensaras que es lo único que me interesa. Aunque me considero un hombre de negocios terco, y Funerales.com tiene la intención de ser un negocio, me molestaría dejarte con la impresión de que nada más soy un oportunista codicioso. Sólo viste mi lado de negociante. Soy algo más que eso, y ya me ocuparé de ello después de que Funerales.com sea un gran éxito.

Espero que vayas a ver mi sitio Web, encontrarás el URL a continuación. Ojalá te dé un mejor conocimiento de mi persona.

No pierdo la esperanza de que volvamos a reunirnos. Si tienes algo más que comentarme, soy todo oídos.

Lenny

Era cierto que yo había tachado a Lenny de ser un oportunista codicioso, pero no esperaba que, en medio de su charla acalorada, fuera tan astuto para captar mi impaciencia. La curiosidad venció al sueño. Qué rayos... decidí ver su URL.

Adornado con instantáneas Polaroid digitalizadas de sus padres y hermanos, el sitio Web de Lenny me hizo volver a los primeros tiempos y a toda la conmoción que suscitó la elocuencia democratizadora, vasta y desordenada, de Internet. Todas las voces y comunidades tendrían un lugar en el ciberespacio.

Web fomentaría los panegíricos a los talentos especiales del *hamster* de la familia, revistas electrónicas de moda dirigidas por estudiantes de semiótica y reuniones informales para todo tipo de coleccionistas. Muera el intermediario, liberen a las masas.

Todos estos sitios muy emotivos y personales, al principio lo dejaban a uno sintiéndose un poco extraño, como si estuviera hurgando en la vida de otro, leyendo a escondidas el diario de otra persona. Me sentí de la misma manera al mirar el sitio de Lenny, a pesar de que él me había invitado.

Lenny tenía una familia numerosa: tres hermanos y una hermana, de los cuales daba cuenta amorosamente con retratos que conmemoraban los grandes acontecimientos de su vida: la secundaria y su anuario, fotografías en las que sólo se podía apreciar la cabeza; los scouts; los cortes de pelo estrafalarios de los años setenta; bailes de graduación del bachillerato; bodas; alegres bebés caminando con los brazos extendidos hacia la cámara. Nada especial, sólo otra familia con su historia íntima congelada de manera pública e incómoda.

A punto de irme a la cama, observé otra fotografía. El cabello negro característico delataba la identidad del hombre: el padre de Lenny, Jack Dolan.

Al hacer clic en la foto se abría una página conmemorativa del padre de Lenny, que había muerto hacía casi ocho meses. Recordé lo que Lenny me dijo en el Konditorei. Había más fotografías familiares: Jack con cada uno de sus hijos y su esposa, varias páginas de texto y, bajo el encabezado "En acción", un grupo de fotos que mostraban a Jack Dolan trabajando en un jardín de profusos colores. Una de las fotografías lo mostraba de pie junto a un arbusto de forsythias. En otra se hallaba con una pala y azadón, en cuclillas sobre un macizo de flores, plantando semillas en este edén suburbano. Siempre aparecía sonriente, con las manos trabajando la tierra al frente de una pequeña casa unifamiliar de Cape Cod. Cada rincón y ventana estaban festonados con flores como un jardín inglés de diseño intrincado. Esta casa debe haber sido el atractivo del vecindario. Bajo el título "Ocupándose de los negocios", encontré algunas fotografías más: Jack Dolan posaba sobriamente detrás de un escritorio ordenado o trabajando en algo que parecía serio, el saco oscuro enmarcaba la camisa blanca y una corbata formal. Se le describía de diversas maneras, como un "servidor público dedicado" y un "amigo fiel de la comunidad" ni más ni menos que por el gobernador, y elogiado por más de cuarenta años de servicio en el momento de su jubilación; las fechas indicaban que su retiro había ocurrido menos de un año antes de su fallecimiento.

La clarividencia de Connie acertó una vez más: ella había intuido que la muerte de una persona había dado a luz a Funerales.com. La desaparición de Jack, acaecida a pocos meses de su jubilación, y la decisión de Lenny de separarse de su horario formal de nueve a cinco para ir en pos de la olla de oro al final de la compañía de nueva creación, tal vez estaban relacionadas. Sin importar cuáles hayan sido los verdaderos intereses de Jack, el sitio de Lenny dejaba traslucir con claridad que veía a su padre como un jardinero frustrado, no como un burócrata feliz.

Hice clic para volver al mensaje de correo electrónico de Lenny y lo releí.

```
Sólo viste mi lado de negociante. Soy algo más
que eso, y ya me ocuparé de ello después de que
Funerales.com sea un gran éxito.
```

No había duda: Lenny era digno hijo de su padre, ocupándose ante todo de los negocios. En lo que supuse que era el deseo de Lenny de evitar el destino de su padre, se había sometido al mismo arreglo implacable. No tiene nombre oficial, pero dada su experiencia en el ramo de seguros, Lenny tal vez lo llamaría el "Plan de vida diferido". A cambio de la promesa de recibir la suma asegurada total del plan, es preciso dividir la vida en dos partes diferenciadas:

Paso uno: haz lo que tengas que hacer.

Luego, a la larga...

Paso dos: haz lo que quieres hacer.

Desde pequeños escuchamos variantes de este asunto, como *Camina antes de correr.* O, quizá en el caso de Jack Dolan, como Lenny lo veía, trabaja *y luego* jubílate, suponiendo que vivas lo suficiente para retirarte, y después dedica tu tiempo a tu pasión.

No cabe duda de que el Plan de vida diferido domina a Silicon Valley. La mayor parte de la gente piensa que volverse rico de la noche a la mañana es el camino más rápido para superar el primer paso, ¿y dónde puede uno hacerse rico más rápido que en Silicon Valley? El problema es que, pese a la opulencia manifiesta, las verdes colinas y los mitos generados por los medios de información, la gran mayoría de la gente que trabaja en Silicon Valley no se hará rica. La mayor parte de las ideas de negocios no encuentran financiamiento. Incluso la generalidad de las que se financian, esto es, las investigadas por gente muy astuta que considera que las ideas tienen suficiente potencial para invertir en ellas, fracasan con el tiempo. Y los afortunados ganadores en ocasiones llegan al paso dos sólo para encontrarse sin rumbo ni dirección. Nunca supieron qué querían "en realidad" o dedicaron tanto tiempo al primer paso e invirtieron tanto capital psíquico que se sienten completamente perdidos sin éste.

Un amigo mío vendió recientemente su compañía por una prodigiosa cantidad de dinero. Su tajada ascendió a más de 50 millones de dólares. Mientras celebrábamos en Saba, un nudoso peñasco en el Caribe, en alguna época propiedad de los holandeses y en la actualidad el paraíso de los buceadores, jugueteamos con la pregunta de qué iba a hacer. La única idea que podía considerar, insistió él, era fundar otra compañía. ¿Qué compañía? No tenía la menor idea ni parecía importarle, en tanto le permitiera medir su éxito con base en las cifras acumuladas. Exento para siempre de preocupaciones financieras, no podía pensar en una actividad mejor que acumular más dinero. Y eso que esto proviene de un hombre excepcionalmente brillante y decente. Si, después de pensarlo detenidamente, se propusiera fundar un negocio que de verdad le importara, bueno, eso habría sido comprensible, pero regresar a lo mismo reflexivamente parecía una pérdida total. Sólo deseé que reconsiderara las cosas con un poco más de tiempo.

POR SUPUESTO, YO NO ESTABA EN POSICIÓN DE CRITICAR. SI SABÍA algo acerca del Plan de vida diferido era porque yo también había dedicado años a ser un creyente fiel y devoto de éste.

Cuando me gradué en Brown a mediados de los 70, no tenía idea de qué carrera estudiar o dónde encajaba yo. Probé las rutas tradicionales, solicité ser admitido como interno y envié currículos a Nueva York. Quizá pueda dedicarme a la banca o la publicidad, pensé. Sin embargo, cuando los banqueros me veían, adivinaban que no era uno de ellos y me rechazaban. Los publicistas hacían caso omiso del aluvión de currículos que les envié. Presenté una solicitud de trabajo en IBM, la antigua IBM que sometía a los solicitantes a una serie de pruebas psicológicas y de personalidad, me temo, antes de incluso hablar con uno. Había que presentarse por la mañana a las pruebas y regresar por la tarde para las entrevistas. Cuando regresé de comer, me informaron, amablemente, pero con firmeza, que no sería necesaria una entrevista. No me ajustaba al perfil.

Al parecer, no me ajustaba al perfil de nadie. Fue preocupante para mí que no pudiera encontrar una correspondencia; esperaba emprender una carrera y sentar cabeza como todos los demás.

Mientras tanto, como necesitaba ganar dinero, encontré un puesto en la ciudad de Providence, en la Oficina para el

Fomento de la comunidad, en la Alcaldía. Trabajar en la política municipal fue fascinante. Un desfile de personajes extravagantes pasaba por el Ayuntamiento todos los días, como si fuera el estacionamiento trasero de un estudio cinematográfico de los 40. Recuerdo a un político de la vieja guardia, por ejemplo, encargado de los programas de rehabilitación de vivienda en un vecindario de clase baja, que llevaba una pistola y en ocasiones amagaba con ella a los solicitantes cuyo aspecto le disgustaba. Qué locura.

Al mismo tiempo, también acepté un cargo como maestro de economía en el Johnson and Wales College, en el horario vespertino. Quería seguir en contacto con la economía, que fue mi asignatura principal en la universidad, y me gustaba la idea de enseñar (aun cuando economía doméstica tal vez habría sido una materia más adecuada; Johnson y Wales era mejor conocida como una escuela de cocina). La mayoría de mis alumnos resultaron ser veteranos de la guerra de Vietnam que recibían asistencia social del gobierno y eran bastante mayores que yo.

También, de manera simultánea, continué trabajando independientemente para los Hermanos Banzini, tres promotores musicales, apenas un poco mayores que yo, a quienes había conocido cuando estuve en el comité de conciertos de Brown. Su empresa llevaba espectáculos en directo a las universidades, salas de concierto pequeñas, festivales al aire libre y clubes nocturnos a lo largo de Nueva Inglaterra. Después de graduarme, mi función con los Hermanos se definió en un concierto de Weather Report. Uno de ellos me sacó de atrás del escenario, en corbata y saco, para cortarle el paso a los inspectores de ASCAP que buscaban el pago de regalías por interpretar canciones. No recuerdo qué tanto les habré dicho, pero los policías de los derechos de propiedad intelectual transigieron. Me convertí en el representante oficial, el que trataba con los sindicatos, el ayuntamiento o los promotores de la competencia, esto es, con cualquier persona que los Hermanos trataran de eludir.

En ocasiones, revisaba los planes financieros para los próximos conciertos con el fin de saber si habría dinero que ganar, y cómo ganarlo. Mi remuneración incluía boletos gratis para todos los conciertos, una buena mesa en los clubes y la puerta abierta a la vieja casa colonial que los Hermanos poseían cerca de Thayer Street, en el corazón del panorama irresponsable de Brown. Invertí todo mi dinero, que no era mucho, en sus producciones. Lo perdí todo, o por lo menos la mayor parte, según creo.

Después de una jornada completa en la oficina del alcalde y unas cuantas horas de actividad docente, me dirigía a las oficinas centrales de los Hermanos Banzini para cumplir con mis "deberes". La casa atraía una oleada tras otra de trasnochadores que trataban de codearse con algunas de las celebridades visitantes y, por lo general, andaban en busca de pasar un buen rato. En bares y conciertos hasta altas horas de la madrugada, nos manteníamos al corriente de nuestro negocio: escuchando a los grupos, diseñando los actos, reclutando nuevo talento y verificando nuevas opciones. Aprendí cómo se presentaban estas producciones: cómo funcionaban los números, el proceso de promover y programar funciones, los arreglos pertinentes para conseguir artistas y salas, toda la logística de la producción de conciertos.

Cuando cuento mis experiencias de esa época, a menudo me preguntan:

—Fue la música, ¿verdad? Las otras cosas, la oficina del alcalde, el puesto de maestro, pagaban tus cuentas, pero tenías el corazón puesto en conciertos de rock, ¿cierto?

—No —explico—, tenía puesto el corazón en todo, en todo junto.

La providencia me ayudó: lo que empezó como una manera de ocupar el tiempo y pagar las cuentas mientras decidía qué carrera quería seguir resultó ser algo inesperadamente satisfactorio y enriquecedor. Sin embargo, no era sólo esta o aquella parte de esa vida lo que me entusiasmaba. Era el conjunto.

El hecho que todas las piezas encajaran me proporcionaba satisfacción y energía. Me apasionaba el todo: ninguna parte específica me atraía hasta el grado de excluir lo demás. Cada parte me entusiasmaba por completo mientras la estaba haciendo, por el momento en que la hacía. Mi pasión era explorarlo todo.

Empezaba a comprender cómo la creatividad puede desarrollarse en el contexto de ganarse la vida. Con los Hermanos Banzini, colaboré a producir conciertos. Ellos llevaban diversión a otras personas y eran creativos en la manera como lo hacían. Eran muchachos tratando de aprender el negocio sobre la marcha. Nadie les dijo cómo ser promotores de conciertos. Amaban la música, les encantaban las funciones y el ambiente, así que simplemente se las ingeniaron. Incluso en la oficina del alcalde, donde por lo general había una gran estructura, trabajé en proyectos financiados por Washington y tan novedosos que había pocos precedentes, menos dirección y sólo lineamientos limitados. Había que empezar con una hoja de papel en blanco y ser creativo. Incluso mi puesto de maestro resultó ser una experiencia muy creativa. Sin el beneficio de una formación u orientación formal, tuve que organizar el trabajo a mi manera.

Empecé a darme cuenta de que en esto había talento y placer: la capacidad de poner una hoja en blanco sobre la mesa y crear algo en el contexto del trabajo y los negocios. Disfrutaba al sentarme, analizar un problema y generar un montón de soluciones de forma libre. Tal vez simplemente acababa de volver a inventar la rueda, o hice un hexágono en vez de un círculo, pero conseguí que rodara y no tuve miedo de aventurarme fuera del terreno de la comodidad y la experiencia. Por ejemplo, un grupo de amigos de aquella época fundaron un periódico comunitario. Yo no sabía nada acerca del negocio editorial, compañías de nueva creación o financiamientos. Sin embargo, tomé una hoja de papel de contabilidad y empecé a trabajar en lo que necesitarían realizar y cuánto costaría.

No sólo me sentía muy bien haciéndolo, sino que también me gustaba. Años más tarde, en varias compañías de Silicon Valley, mientras me sentaba a buscar una solución sin la más mínima experiencia en ese campo, volví a experimentar la emoción de Providence, esa hoja de papel en blanco volvió a mi mente.

PESE A MI ENERGÍA Y PASIÓN EN PROVIDENCE, ME AFERRÉ A LA IDEA de que con el tiempo tendría que centrar mi vida en algo "serio". Providence, me dije, era por diversión, una manera de pasar el tiempo antes de sentar cabeza. Ponte serio, pensé. Dedícate a una profesión, fórmate una carrera, establécete y alcanza el éxito. Después tendrás tiempo para hacer lo que quieras. Estaba viviendo el Plan de vida diferido.

¿Y cuál iba a ser mi segundo paso en el Plan cuando hubiera cumplido con mi deber y pudiera hacer lo que quisiera? ¿Qué era lo que en verdad quería hacer? No podría haberlo expresado en esa época. Sin embargo, en los años posteriores, mientras me formaba una profesión y una carrera, la experiencia de Providence fue como el recuerdo de un beso fugaz que persistía en mi memoria. De un modo u otro, pensé, quería volver a capturar la esencia de esa vida: la creatividad y la naturaleza ilimitada de todo aquello .

La vida "seria" que elegí fue el derecho. En el otoño de 1978 ingresé en la Facultad de Derecho de Harvard al cabo de casi dos años de trabajar en Providence. Tal vez no me sentía feliz en la facultad de leyes, pero iba a alguna parte. Después de la graduación, y como había descubierto cierta afinidad con el trabajo procesal cuando trabajé durante los veranos en la oficina del Fiscal de Distrito de San Francisco y el FTC, me convertí en litigante de un bufete de abogados de Boston.

Pensé que litigar ofrecía la posibilidad de hacer algo por mejorar la vida de la gente y que eso me daría una sensación de satisfacción y propósito. Desafortunadamente, muy pronto descubrí que litigar era más bien tratar de examinar cuidadosamente montones de papel y pleitos insignificantes. Finalmente la mayor parte de los casos se arreglaban extrajudicialmente antes de llegar a la sala del tribunal.

Aunque no todos los casos. Cuando tuve al fin la oportunidad de litigar en mi primer caso como abogado principal, la aproveché al máximo. Un cliente rico e importante del bufete vivía en un terreno bellamente arbolado y alguien había cortado diecinueve de sus árboles sin autorización. El bufete decidió representarlo sin ningún costo, pero asignaron uno de sus abogados de menor nivel: yo, ya que supusieron que el asunto no era suficientemente importante para un socio. Traté el caso como si fuera *Roe contra Wade*, y trabajé en él con fervor. El día en que comenzó el juicio, recorrí el trayecto de una hora al sur de Boston para dirigirme al tribunal del condado. El defensor era el modelo ideal de un abogado regional. Disfrutaba de una cordial relación con el juez, sin duda entablada a lo largo de muchos fines de semana de jugar golf y establecer lazos afectivos.

Como el juicio se iba a realizar sin jurado, cada uno de nosotros hicimos nuestra presentación inicial. Alegué que el acusado, un leñador furtivo reincidente, había entrado a sabiendas en la propiedad privada de mi cliente y destruido diecinueve árboles. Además, aseguré, esos diecinueve árboles eran invaluables; en virtud del tiempo que tardan los procesos naturales, habían desaparecido para siempre de la vida de mi cliente. Al cortarlos, el acusado había invadido maliciosamente la propiedad de mi cliente, tierra que había pertenecido a su familia por generaciones. Pedí al tribunal un fallo severo, el cual, argumenté, no podría compensar la verdadera pérdida sufrida por mi cliente.

El abogado defensor no admitió nada y alegó que incluso si su cliente cortó los árboles, el acto no había sido deliberado. Además, sostuvo que el valor de los árboles era de apenas 36 centavos de dólar el metro, o algo así, porque ése sería su valor si se vendían como leña. No pudiendo llegar a ningún acuerdo, el juez indicó que los tres nos retiráramos a su oficina para discutir el asunto. Los dos viejos amigos encendieron sus habanos e intercambiaron anécdotas, sin apenas darse por enterados de mi presencia. Al fin, el abogado de la región se volvió hacia mí:

—Presentaste un buen alegato, muchacho. Sin embargo, es imposible revivir esos árboles. Mi cliente cometió un error de buena fe. Mis mejores cálculos me llevan a una suma de tres mil dólares.

Yo estaba indignado.

—"¡Tres mil dólares! ¡Por lo que hizo su cliente!"

Impávido, preguntó si había visitado la propiedad.

—Sí —respondí.

—Todavía tiene muchos árboles, ¿cierto?

—Pero ya no tiene esos diecinueve —repliqué.

—¿Quién va a extrañar a esos árboles en un bosque así?

—Mi cliente. No se trata de un bosque. Es cuestión de árboles, y esos diecinueve árboles eran suyos y ahora han desaparecido.

—Tres mil dólares es mi mejor y última oferta —puntualizó—. Evitaremos que pierdas tu tiempo y el del juez si convences a tu cliente de que sea razonable.

Sin embargo, yo ya lo había consultado con mi cliente y sabía que no aceptaría un arreglo financiero.

—No —respondí—. Mi cliente no lo aceptará. Es cuestión de principios.

Así que el juicio se inició, y yo hice mi mejor esfuerzo, ya que me proponía corregir el daño doloso que se había causado a mi cliente. El abogado de la región, confundido con mi actuación, se comportó como un profesional veterano. Incluso me ayudó un poco. Cuando no estaba seguro de cómo presentar una prueba, me ofrecía consejo de inmediato. Cuando metía la pata en el procedimiento, le aseguraba al juez que no tenía objeción alguna.

Conforme el juicio se aproximaba a su fin, me sentí complacido. Presenté el caso con convicción e incluso estuve a punto de obtener lo que yo pensé que era un testimonio fundamental del acusado, quien casi admitió en el estrado que sabía dónde se hallaba la línea de demarcación de la propiedad y que, no obstante, había cortado los árboles.

El juez se retiró a deliberar en su oficina. Me quedé sentado sin moverme, esforzándome por fingir serenidad ante mi cliente. Mi adversario, al otro lado del pasillo, bromeaba mientras tanto con el estenógrafo y preguntaba con tono de preocupación por la familia del funcionario que custodiaba al acusado.

El juez no tardó en entrar de nuevo en la sala del tribunal y anunció su veredicto:

—Mi fallo es a favor del quejoso.

¡Gané! Sonreí con afabilidad a mi cliente, que me dio una palmada en el hombro en señal de aprobación.

El juez continuó:

—Por lo tanto, ordeno al acusado pagar al quejoso daños y perjuicios por la suma de tres mil dólares.

La sonrisa se me congeló. El abogado sabio y viejo agradeció al juez, me estrechó la mano, puso el brazo en el hombro de su cliente y caminó por el pasillo enfrascado en una agradable charla. Y yo que invertí cuerpo y alma en ganar un altercado insignificante, me quedé preguntándome si el derecho me llevaría alguna vez adonde yo quería ir.

En 1983 empecé a dedicarme a una especialidad que había aparecido recientemente: el derecho tecnológico, después de mudarme a la oficina de Palo Alto de mi bufete jurídico. El derecho tecnológico se centra en identificar, proteger y hacer transacciones con la propiedad intelectual, esto es, las ideas. Es producto de la ingeniosidad irreprimible de Silicon Valley. Carecía de la emoción que produce el trabajo procesal, pero era mucho más estimulante que las tediosas rondas de descubrimiento que predominaban en la profesión del abogado litigante.

Intercambié el propinar y esquivar golpes en los litigios por las relaciones continuas con empresarios de los bytes, codificadores. Estaban creando lo verdaderamente valioso en la cadena alimenticia de la revolución de las computadoras personales: el software. Me dediqué por completo a trabajar con estos inventores, que estaban montando nuevos negocios fuera de las cocheras de las tiendas de Silicon Valley. Resultaron ser personas con las que fácilmente me identificaba, más parecidas a los artistas que los Hermanos Banzini representaban en su negocio de promotores de *rock and roll*, que mis colegas y clientes en la práctica del derecho procesal. Me recordaban a mis amigos apasionados y excéntricos del bachillerato y la universidad. Eran talentosos. Los comprendía. Comprendía su arte y la relación de éste con los negocios. Y me hallé en posición, gracias a mi experiencia ecléctica y a mi formación profesional como abogado, de ayudarles a crear empresas viables basadas en sus ideas geniales.

Tal vez, pensé, después de todo encontraría satisfacción genuina, algún significado, en el ejercicio del derecho.

En 1985, me relacioné con Lucasfilm, el estudio cinematográfico de George Lucas y hogar de *La guerra de las galaxias*, para trabajar en la venta de Pixar, su división de animación, a Steve Jobs. Mi compañía terminó manejando todos los aspectos tecnológicos de la negociación: la transferencia de tecnología, la protección de la propiedad intelectual, etcétera. En esa época, Pixar no era ni por asomo la compañía prestigiosa en la que Jobs la convirtió después, pero la transacción no dejaba de ser fascinante: un proyecto con dos nombres estelares de dos mundos glamorosos, del entretenimiento y la tecnología. Traté de absorber tanto brillo como pude del halo luminoso que irradiaban.

Una vez concluidas las negociaciones, organicé el cierre, un ritual jurídico para consumar el trato. Las personas clave de cada parte asistieron, sonrientes, estrechándose manos y bebiendo champaña. Fue un feliz acontecimiento para todos, excepto para mí. Observé a todas esas personas celebrar en la sala de consejo, mientras verificaba las firmas y guardaba cajas atiborradas de documentos en un armario angosto al otro lado del corredor. Me pareció que sin importar lo interesante que fueran los clientes o el caso, mi trabajo como abogado era excesivamente limitado y rutinario. Decidí en ese momento que quería hacer lo mismo que ellos: escribir el guión, no ordenar las páginas. Quería estar en el otro salón. El ejercicio del derecho no me llevaría ahí.

Poco tiempo después de concluida la venta, el personal de Apple me llamó para ofrecerme un puesto en la compañía. Aunque el empleo era en el departamento jurídico, en su mayoría implicaba la negociación de tratos. Informé a los socios del bufete de abogados acerca de la oferta y se horrorizaron. Trataron de persuadirme de que estaba a punto de cometer el error más grande de mi vida. Explotaron mis prejuicios de Harvard, la costa Este y los grandes bufetes de abogados. El gran arte del derecho, argumentaron, se hallaba en el ejercicio privado; la práctica dentro de una compañía era un callejón sin salida. Estaba en camino de convertirme en socio, por lo que sólo necesitaba continuar haciendo lo que hacía, y mi futuro sería prometedor. Trataron de convencerme de que si me retiraba de la firma tendría que pagar un precio muy alto con el tiempo.

Ése era el aspecto racional y analítico del argumento, y lo tomé muy en serio. Creía firmemente en el prejuicio de que los abogados empresariales eran personas que no podrían sobresalir en un buen bufete de abogados. Tal vez Apple significaba un paso atrás para mí. Si no funcionaba, ¿un buen bufete jurídico aún me tomaría en serio?

Sin embargo, mi intuición me indicaba que debía aceptar el trabajo en Apple.

Estamos hablando de mediados de los años ochenta, los días gloriosos de la compañía que Steve Jobs había vigorizado con ideales y valores. Aunque él se había visto obligado a separarse de la empresa poco antes de que yo llegara, su poderosa influencia aún se sentía en toda la organización. La Apple que él creó se proponía hacer accesible el poder de la computación a todo el mundo, ofrecer libertad de la tiranía de la tecnología y los tecnólogos, cambiar la educación, usar la tecnología para ayudar a los minusválidos a hacer frente a los desafíos de sus discapacidades. Aunque resulta evidente que Apple tenía que alcanzar el éxito financiero, su propósito fundamental era innovar, inventar y encabezar una revolución cultural completa que todos vieran saltando desde esos teclados y pantallas con cerebros de silicio. El comercial que Apple presentó durante la transmisión del Super Bowl en 1984, donde el individuo librepensador marcha a través de la multitud gris y sin rostro para destruir la tiranía del *Big Brother*, era el evangelio, no sólo una idea publicitaria, de toda la organización de Apple. Toda la gente que conocí ahí, joven y apasionada, creía verdaderamente que estaban cambiando el mundo y no que vendían computadoras.

Tomé un día de salud mental y monté en mi bicicleta para recorrer kilómetro tras kilómetro la campiña del condado Marin. Ciento veinte kilómetros después, aún no sabía qué hacer. A la mañana siguiente caminé al trabajo, tratando de aclarar las opciones. Todavía me acuerdo de estar sentado en mi oficina, al final del pasillo, mirando el largo corredor. En un momento de lucidez, comprendí que todo mi futuro estaba en ese corredor, perfectamente definido. Desde mi oficina, disfrutaba de una vista despejada de mis colegas en sus oficinas: los empleados de menor nivel más cerca, luego los de nivel superior, los socios *junior*, los socios y, por último, el socio ejecutivo al otro extremo del pasillo. Un futuro limpio y ordenado surgía delante de mí. Claro, recorrer el pasillo sería tranquilizador e irresistible en cierta forma, pero daba la impresión de ser tan fácil, tan determinado. En ese instante fue como si ya hubiera vivido todo eso. ¿Dónde estaba la hoja de papel en blanco?

No podía posponer más mi vida. Llamé a la gente de Apple y acepté el empleo.

A: <u>lenny@alchemy.net</u>

DE: <u>randy@virtual.net</u>

ASUNTO: Una pregunta

Gracias por tu mensaje de correo electrónico. En verdad disfruté la visita a tu sitio Web. Tu padre era un espléndido jardinero.

Diferir tu vida en aras de la posibilidad de que Funerales.com sea un éxito arrollador es un riesgo enorme. Las grandes probabilidades de fracaso no justifican apostar a que te proporcionará la libertad que deseas. El curso de tu vida y el de Funerales.com no son ajenos. Decide qué es importante para ti y hazlo. Si las condiciones de Funerales.com son favorables, te sugiero que lo hagas desde el principio. No te preocupes por las estrategias de salida.

En los instantes decisivos de mi vida, siempre ha sido útil plantearme una pregunta sencilla respecto a lo que estaba haciendo en ese momento: ¿Qué se necesitaría para que estuvieras dispuesto a dedicar el resto de tu vida a Funerales.com?

Mis mejores deseos,

r

Capítulo cinco

El romance, no las finanzas

Me desperté temprano para disfrutar de otro día californiano de cielo muy azul y despejado, el aroma dulce de los jazmines se colaba por las ventanas abiertas. Me crié en la parte norte del estado de Nueva York, donde los días soleados no abundan, en especial durante los días grises y sombríos del invierno. No fue sino hasta que entré a la universidad en Nueva Inglaterra que pude gozar de unos cuantos días soleados. Y eso fue en Nueva Inglaterra, que no es precisamente el paraíso de los adoradores del Sol. Empecé a preguntarme qué podría hacer un poco más de luz por mí. Veinte años después de mi primer viaje a San Francisco, todavía recuerdo haber cruzado el Puente de la Bahía por primera vez luego de muchos días y noches de carretera desde Boston. En ese instante supe que estaba en casa.

Preparé una taza de té verde y lo bebí a sorbos en el jardín, mientras Tali y Tika, como perros de guardia, salían a la carrera persiguiendo el olor de un ciervo o coyote desaparecido desde hace mucho tiempo. Terminé mis rituales matutinos: meditación, leer el *Wall Street Journal*, y revisar el correo electrónico. Lenny me había respondido a las 5:30 de la mañana de su horario. Sentí curiosidad por saber si no había dormido en toda la noche. No era de extrañar por qué se veía cansado en el Konditorei. Días ajetreados, noches de insomnio. Lo entendí. Yo había conocido esa combinación agotadora.

A: randy@virtual.net
DE: lenny@alchemy.net
ASUNTO: Re: Una pregunta

Randy,

No comprendo qué quieres decir con "dedicarme a Funerales.com durante el resto de mi vida". Nadie se compromete con nada para siempre en esta época. Las circunstancias cambian demasiado rápido. Tú, más que nadie, deberías ser el primero en entenderlo.

Sin embargo, no dudes de mi compromiso. No hay nada que quiera más y nada que no esté dispuesto a hacer para lograr que Funerales.com sea un éxito. Si tienes reservas respecto a mi dedicación a esta empresa, ya puedes olvidarlas. No querría que tú o Frank pensaran otra cosa. Sólo necesito financiamiento. ¡Sé que soy capaz de conseguir que esto funcione!

Atentamente,

Lenny

P.D. Me da gusto que hayas disfrutado de mi página familiar. Mi padre fue un magnífico jardi-

> nero. Ésta fue la pasión de su vida. Siempre le
> dijimos que debería emprender un negocio para que
> pudiera dedicarse a ello de tiempo completo. Dijo
> que ya tendría oportunidad cuando se jubilara.

Jamás dudé de la motivación de Lenny. Era evidente desde el principio, incluso en el apretón de brazo que me dio en la entrada del Konditorei. Motivación, compromiso: eso no era lo que me preocupaba. Quería saber qué le importaba en realidad. Quería saber cuál era su pasión. Al parecer, Lenny no entendió la pregunta. Empezaba a irritarme.

El tránsito de las primeras horas de la mañana avanzaba a vuelta de rueda en el único camino que conducía de la ciudad a la autopista. Montado en la motocicleta, zigzagueé entre los enojados viajeros, recordando un episodio de "La dimensión desconocida" en el que el personaje se encuentra deambulando entre una multitud de gente paralizada en medio de sus actividades cotidianas. Tomé la salida hacia la autopista y vi los campos de césped dorado en ambos lados y largos dedos de niebla que cubrían los pliegues de las Montañas Santa Cruz hacia el Oeste. Recorrí apresuradamente Sand Hill Road hasta el complejo ubicado en el número 3000, la dirección original de Sand Hill. No había lugar, por lo que salté a la acera y me estacioné.

Primero que nada, asistí a una presentación de negocios en una de las compañías de capital de riesgo donde unos buenos amigos querían mi opinión. El plan consistía en vender productos para mascotas por Internet. Los futuros empresarios llamaron a su compañía PetUniverse.com.

La presentación de Lenny estaba pulida, pero ésta definitivamente resplandecía. Teníamos frente a nosotros a tres sujetos recién graduados de las mejores escuelas de administración, y *habían* logrado reducir el mundo, o por lo menos el de los propietarios de mascotas, a una matriz de cuatro celdas. Sus proyectos encontraron el equilibrio perfecto entre lo

dinámico y lo imposible. Saltaba a la vista que reconocían que
su empresa era un trato "Mejor-Más rápido-Más barato" y en-
tendían las implicaciones, que se reducen a una sentencia
sencilla: actuar a la velocidad de la luz. Una avalancha de
otras compañías de nueva creación candidatas a convertirse
en Mascotasalgo.com también había estado haciendo las rondas de negociaciones durante el último mes. Sand Hill Road
se hallaba inmerso en una fiebre de alimentar a las mascotas,
por lo menos por el momento.

Lo que resultaba desconcertante de estos admiradores de
las mascotas, todos ellos ambiciosos y con empuje, era que
ninguno de ellos, según confesaron cuando se les preguntó,
era dueño de una mascota, jamás habían tenido una o, hasta
donde me di cuenta, nunca habían querido tener una mascota. No me habría sorprendido descubrir que eran mortal-
mente alérgicos al pelaje, plumas y escamas.

Entonces, ¿por qué lo hacían? ¿Qué era tan valioso para
invertir su tiempo en ello? Siempre me asombra que los capitalistas de riesgo no hagan esa pregunta. Quizá, a estas alturas,
todo el mundo supone lo obvio: quieren hacerse ricos. Traté
de verlo desde su perspectiva. Tal vez ésta era su oportunidad,
algunos años invertidos en la remota posibilidad de triunfar
en grande. Después podrían seguir con lo que fuera importante para ellos. Por desgracia, en incontables ocasiones he
visto que esta actitud conduce a una existencia de retos suce-
sivos que se apartan toltalmente de los sueños originales. Es
demasiado fácil extraviarse en medio del entusiasmo y ser tra-
gado por la economía de casino de todo ello. Me molestaba
ver a la gente joven y talentosa renunciar, o posponer, sus ideales con la esperanza de ganar dinero rápido, lo que rara vez
ocurre. Al considerar mi pregunta: "¿Qué se necesitaría para
que estuvieras dispuesto a...?", Lenny pensó que le estaba diciendo que debía planear su vida con precisión. Qué tontería.
Como él bien señaló, lo único de lo que podemos estar seguros
es del cambio. Sin embargo, saber qué necesitamos para estar

dispuestos a hacer algo toda la vida proporciona un invaluable autoconocimiento.

No es que, como he aprendido por propia experiencia, la vida diferida sea sólo una mala apuesta. Su propia estructura —primero, paso uno, cumple con tu deber; luego, paso dos, haz lo que quieres— implica que lo que *debemos* hacer es necesariamente distinto de lo que *queremos* hacer. ¿Por qué ocurre esto? En el Plan de vida diferido, el segundo paso, la vida que posponemos, no puede existir, no merece existir, sin antes hacer algo que no nos satisfaga. Ya llegaremos a lo interesante. En el primer paso ganamos, tanto en el aspecto financiero como psicológico, el segundo. Que no se interprete mal mi escepticismo. Sacrificar y transigir forman parte integral de toda existencia, incluso de una vida bien vivida. Pero, ¿por qué no trabajar arduamente debido a que esto es significativo, y no nada más para salir del paso y continuar con lo que sigue?

El Plan de vida diferido también exige que separemos quiénes somos y qué nos interesa de lo que hacemos en ese primer paso. Al distanciar a la persona de carne y hueso de sus actos, toda clase de malas conductas se justifican en nombre de los negocios. "Claro, es ruin en el trabajo, pero así no es ella en realidad. Se trata sólo de negocios, no es nada personal." Impulsados por la ambición, confiamos en que al final seremos juzgados por nuestros logros, no por lo que somos. Silicon Valley es un lugar donde mucha gente justifica su comportamiento en términos de "es sólo negocios". No esperaba con impaciencia conocer a los "verdaderos" seres humanos.

La diferencia entre motivación y pasión es crucial. Le había preguntado a Lenny acerca de su *pasión*. Él pensó que yo estaba cuestionando su *motivación* y *compromiso*. La pasión y la motivación no son en absoluto lo mismo.

La pasión lo *atrae* a uno hacia algo que no puede resistir. La motivación lo *empuja* hacia algo que uno se siente obligado o compelido a hacer. Si uno no sabe nada acerca de sí mismo, no reconoce la diferencia. Una vez adquirido un autoconocimiento mínimo, es posible expresar nuestra pasión. Sin embargo, no se trata nada más del deseo de alcanzar cierta meta o recibir un beneficio, y no se trata de cuotas, gratificaciones o cobrar al final. No se trata de pasar por encima de los demás. Eso es motivación. En el Plan de vida diferido, la motivación nos impulsa a concluir el primer paso. El segundo, la vida diferida, es el hogar de la pasión. Esperamos y suponemos que al llegar ahí, podremos reavivar nuestras pasiones en nuestros propios términos. *Si* es que llegamos ahí.

Lo que me impulsaba en Providence era la pasión, pero no me di cuenta. Me obligué a estudiar la carrera de leyes y a ejercer el derecho, buscando, confiando y esperando sentir pasión, pero jamás la encontré. Luego, en Silicon Valley —en Apple, Claris, GO, LucasArts— descubrí la pasión por mi trabajo. Sin embargo, no comprendí la diferencia crucial que existe entre motivación y pasión sino hasta que ambas entraron en conflicto dentro de mí.

HACE UNOS CUATRO AÑOS FUI CEO DE CRYSTAL DYNAMICS, EN aquel entonces una compañía de juegos de vídeo que tenía tres años de antigüedad. Me habían reclutado de LucasArts Entertainment, la meca del imperio de George Lucas que producía juegos y entretenimiento educativo para computadoras personales. Nuestros productos estelares se basaban en las películas de *La guerra de las galaxias*. Mi primer puesto como director general lo desempeñé en LucasArts. Era un lugar muy emocionante para trabajar, rico en talento y creatividad. Sin embargo, lo que me impulsó a hablar cuando el reclutador de ejecutivos llamó para ofrecerme el puesto en Crystal Dynamics, fue la posibilidad de gozar de autonomía: la capacidad de dirigir una compañía independiente con base en mi visión de los juegos y cuentos. Se suponía que la autonomía formaba parte del paquete en LucasArts, pero cada vez se veía más improbable de alcanzar.

A mediados de 1995 me cautivaba la visión de narrar cuentos transformados por la tecnología. Por primera vez, según creí, las computadoras y otros tipos de aparatos parecidos permitirían a su público involucrarse directamente e interactuar con el cuento. Los juegos representaban una etapa primitiva en la evolución de este medio, como las películas en la época de las primeras salas de proyección. Quería la oportunidad de influir en este nuevo medio y contribuir a su gramática y vocabulario en evolución.

Crystal Dynamics se fundó para remontar la oleada de la muy anunciada "Siguiente generación" de juegos de vídeo. Los títulos de Crystal se jugaban en consolas, cajas electrónicas que se conectaban directamente a los televisores. Las consolas de los juegos de la "Siguiente generación" funcionaban con base en los entonces nuevos y más poderosos procesadores de 32 y 64 bits, que agilizaban el juego y proporcionaban imágenes más nítidas. Las fabricaban compañías como 3DO, Nintendo, Sony y Sega, cada una de las cuales tenía una plataforma única e incompatible con las demás. Debido a que la mayoría de los juegos de consola dependían de tiempos de reacción rápidos, también se conocieron como juegos "rápidos", que atraían sobre todo a chicos adolescentes con sus héroes musculosos, mujeres pechugonas y abundancia de combates sangrientos.

Al principio, me preocupaba que los videojuegos de Crystal fueran como juguetes en comparación con los juegos de computadora más cinematográficos de LucasArts. Sin embargo, si el mercado de la "siguiente generación" despegaba y si Crystal pretendía tener éxito en un principio, creía que podríamos modificar el enfoque de la compañía hacia la narración de cuentos interactivos.

En el momento en que me incorporé a Crystal en mayo, el equipo de administración ya existente terminaba los preparativos para una gira nacional que tenía el objetivo de solicitar una cantidad de inversión privada. Así pues, mi primera tarea como CEO fue encabezar la gira, que resultó ser un gran éxito. Nos habíamos propuesto recaudar unos 15 millones de dólares, recibimos más de 25 millones de dólares en ofertas y aceptamos sólo 20 millones de dólares a un precio muy competitivo. Un magnífico resultado para esa época. A los inversionistas les había agradado nuestra historia.

La historia que contábamos se basaba en un plan preparado antes de mi llegada. Se fundaba en una serie de supuestos respecto a la cantidad de productos que lanzaríamos a la venta, la penetración estimada de mercado para cada uno y un programa calendarizado de desarrollo, todos sujetos a otra serie más profunda de supuestos respecto al crecimiento del mercado de las consolas de la "siguiente generación". No había tenido oportunidad de participar de manera directa y activa; después de todo, acababa de llegar, aunque el plan parecía sustentarse. En todo caso, haríamos nuestro mejor esfuerzo, pensé, y si no resultaba, podríamos arreglarlo después.

De regreso en la oficina después de la gira, empecé a reunirme con el personal clave de las áreas creativa y de ventas de la compañía. Necesitábamos un plan detallado para poner en práctica las proyecciones que convencieron a los inversionistas. Durante semanas que se prolongaron hasta el final del verano, nos reunimos en sesiones de planeación maratónicas, estimuladas por pizza y cafeína. Muy pronto, empezaron a sonar las alertas en mi cabeza. Crystal no podría cumplir con el plan. Toda la pizza del mundo no lo haría funcionar.

Esto era problemático para mí en más de un sentido. Los inversionistas se habían convencido del plan, comprendí, por lo menos en parte gracias a mi historial en Lucas. Era *mi* plan, y mi actitud de arreglarlo después había sido ingenua. Me sentí responsable y no podía defraudarlos. Además, tenía muchas ganas de cumplir con el plan y pasar a la narración de cuentos interactivos, posibilidad que de pronto se vio en un gran riesgo.

El primer problema era el mercado de juegos de la "siguiente generación": ¿A qué velocidad crecería y quiénes serían los ganadores? Los fabricantes de consolas producían las máquinas de afeitar y nosotros vendíamos las navajas. Pero, ¿para qué máquina de afeitar? 3DO, la plataforma original de las consolas de la "siguiente generación", estaba a punto de fracasar y ahí era donde Crystal había colocado su primera apuesta. Nuestra segunda opción, Sega, ya había sufrido un mal comienzo.

El segundo problema fue que mis conversaciones con los productores creativos plantearon serias dudas respecto a su capacidad de crear títulos de calidad con la misma rapidez que el plan exigía. Y si no éramos capaces de generar títulos suficientes, Crystal se veía en aprietos, incluso si las plataformas crecieran como confiábamos.

Por desgracia, los puntos débiles del plan operativo eran sólo nuestros problemas más evidentes. Mis sondeos revelaron algo mucho más grave.

Crystal no era una organización, sino dos. La gente que diseñaba los juegos y la que los vendía estaban en guerra. Ejecutivos de administración igualmente talentosos dirigían ambas partes y las dos contaban con personal competente. Antes de que yo llegara se habían cavado trincheras muy profundas. Frustrados por las excentricidades del proceso creativo, los vendedores responsabilizaban a la parte creativa de no entregar a tiempo y de no producir los juegos que el mercado deseaba. El personal creativo culpaba a los vendedores de querer sólo títulos "yo también", de no ser capaces de vender con eficacia los posibles éxitos y de presionarlos para efectuar jornadas de trabajo más intensas.

Conforme transcurría el verano, me di cuenta de que teníamos un plan que no era viable y una guerra interna, pero la posibilidad del fracaso nunca se me ocurrió. A medida que los colegas advertían que el cielo se nos estaba cayendo encima, me apresuré a tranquilizarlos diciendo que íbamos a estar bien y que yo había visto cosas peores, mucho peores.

En verdad, comprendía el problema fundamental de la compañía y sabía qué hacer al respecto: en su celo inicial por convertirse en uno de los principales participantes del mercado, Crystal había tratado de convertirse instantáneamente en un desarrollador y editor de servicio completo con sus propios recursos de ventas y distribución, incluso antes de haber producido una línea confiable de productos exitosos. La fuerza de ventas requiere un flujo constante de títulos que puedan comercializarse fácilmente, así como mantenerse competitivos, y Crystal todavía no era capaz de producirlos. Crystal había tratado de abarcar mucho, demasiado rápido.

Mi intuición, reforzada por la experiencia que adquirí en LucasArts, me indicaba que debíamos dar un paso atrás para hacer bien esto: suprimir el área de ventas de la empresa y refugiarnos en lo que constituía el punto medular de la compañía: la organización creativa. Había que concentrar todos nuestros recursos en el desarrollo de una cantidad pequeña de juegos de alta calidad, y vender esos juegos a través de editores externos. Así, cuando tuviéramos un grupo estable de títulos exitosos, se reconstruiría la organización de ventas de Crystal y se volvería a tomar el control y los márgenes cedidos a los socios de distribución. Probablemente terminaríamos en la misma posición que deseaban los inversionistas, pero llegaríamos a ella por una ruta diferente y corriendo menos riesgo a cada paso.

Como era natural, la perspectiva de retractarse del plan no entusiasmó al consejo directivo. El éxito de la gira todavía era un recuerdo vívido, y la esperanza compartida por muchos de los miembros del consejo de realizar el sueño original —convertirse rápidamente en un desarrollador y editor líder en juegos de la "siguiente generación", que ofreciera servicios completos y cuyas acciones se cotizaran en bolsa— seguía siendo grande, pese a las crecientes dudas de la administración. En lugar de presionar para defender mis convicciones ante su resistencia, ofrecí dos opciones. Crecer mediante la adquisición de otras compañías y equipos creativos. O vender. Si Crystal Dynamics lograba encontrar una compañía que valorara a nuestro personal, nuestros productos y nuestra incipiente posición en el mercado, conseguiríamos evitar una oleada de despidos y, pese a todo, ofrecer a los inversionistas buenos rendimientos. Además, me libraría de mi dilema.

Durante los meses siguientes, analizamos a los posibles candidatos de compra y sostuvimos conversaciones con varios de ellos, pero no logramos encontrar una adquisición que tuviera sentido. Al mismo tiempo, durante ese invierno, buscamos por todas partes otra compañía que nos adquiriera. Tuvimos reuniones formales con más de un posible comprador, pero no llegaron a nada y sólo confirmaron mis peores temores: a medida que la industria de los juegos se consolidaba, los compradores preferían empresas que obtenían ingresos mucho más elevados y productos mejor establecidos que los nuestros.

La reacción del consejo de administración ante mis opciones también probó estar dividida. La mayoría se oponía a vender porque seguían resueltos a formar una compañía exitosa e independiente. Tampoco hubo consenso respecto a que debíamos crecer por medio de adquisiciones, incluso si encontrábamos buenos candidatos, debido a la dilución inevitable para los inversionistas. En una especie de antecedente al fenómeno de la "oferta pública inicial prematura" de las compañías de Internet, algunos de los integrantes del consejo llegaron a proponer que subastáramos públicamente, pero yo no vislumbraba ninguna posibilidad de que esto contribuyera a solucionar nuestros problemas operativos y me negué a apoyar esta propuesta. Necesitábamos poner nuestra casa en orden primero que nada. Así se fueron enero y febrero, y todavía estábamos inmersos en las discrepancias y la indecisión.

Así empezaron mis noches de insomnio. No pasaba las noches en blanco por los problemas de la empresa —por más graves que fueran, me había enfrentado a cosas peores en otras compañías sin perder el sueño—, sino porque empecé a comprender cuál era el defecto fundamental de mi relación con la compañía.

Si entendía el problema y la solución, ¿por qué no actué conforme a mis convicciones? ¿Por qué no cerraba la organización de ventas? Había hecho frente a los miembros del consejo renuentes en otros asuntos, ¿por qué no ahora, en el problema más importante de todos?

La solución para mí y para la compañía no llegó sino hasta mayo, un año después de haberme incorporado a Crystal. Ese mes, la Electronic Entertainment Expo, la feria comercial anual de la industria, conocida como E3, se celebró en Los Ángeles. Hollywood se había enamorado del negocio de los juegos, e iba a subir las apuestas con el poder y prestigio de sus estrellas.

Algo que no auguraba nada bueno para Crystal se puso de manifiesto mientras recorría la sala de exposición: varios editores de juegos —que presentaron espectáculos deslumbrantes con bailarinas, sesiones de firma de fotografías de actores famosos y pantallas enormes que exhibían los productos más recientes— eclipsaban por completo a mi compañía pequeña. Tratamos de causar la impresión de que éramos una empresa importante en la industria y nos dimos aires de importancia en la exhibición, pero, en comparación, dábamos lástima. Además, se nos estaba acabando el tiempo.

Una noche asistí a una de las diversas fiestas de la industria con Toni, una amiga mía. Toni, que es una mujer muy brillante y exótica, francesa por un lado e india americana por la otra, y posee un agudo sentido de la estética, era cofundadora de una compañía que fabricaba juegos fabulosos, de tecnología de vanguardia, para computadoras personales. Sus títulos no eran grandes éxitos del mercado, pero sí bellos e innovadores y, como es lógico, no era admiradora de los juegos de balazos y fantasía de Crystal.

Mientras cruzábamos a toda velocidad la autopista en una limosina, ambos un poco borrachos, ella se volvió hacia mí y en forma inesperada me preguntó:

—¿Qué estás haciendo en la industria de los juegos? —la manera como lo dijo fue: "la industria de los *juegos*". "¿Qué estás haciendo en la industria de los *juegos*?"

Aceptando el desafío, logré despejarme lo suficiente para embarcarme en la perorata de mi gran visión: "Nos hallamos apenas en las primeras etapas, pero estamos presenciando el amanecer de una nueva era de entretenimiento y narración de cuentos... Estamos aprendiendo a organizarnos y crear el vocabulario adecuado... Bla, bla, bla..."

Ella escuchó con cortesía mi discurso completo. Sin embargo, cuando terminé, se cruzó de brazos y afirmó con toda naturalidad:

—Trabajas en la maldita industria de los juegos.

Sus palabras me sacudieron como si me hubieran dado un mazazo en la cabeza, no precisamente sobria.

Cuando era niño, rara vez participé en juegos. Nunca había terminado un videojuego en mi vida. Siempre parecía haber algo más importante que hacer. Me gustaban los deportes, porque hay belleza en la destreza física. Pero los juegos siempre me parecieron una distracción. Definitivamente, no era un entusiasta de los juegos.

Suspiré, me hundí en el asiento confortable, como si me hubiera quitado de pronto un peso de los hombros.

—Trabajo en la industria de los *juegos* —confesé, tanto a mí mismo como a Toni.

Me incorporé a Crystal con la visión de llevar a la compañía a un nuevo nivel de diversión interactiva y cinematográfica, pero las posibilidades de lograrlo se habían esfumado meses antes. Reducir la compañía habría significado enfrentar lo que ya sabía, pero no era capaz de admitir: Crystal iba a ser una compañía productora de videojuegos, simple y llanamente, nada más. Mi *motivación* decía: "Quédate y hazla funcionar", mientras que mi *pasión* me impedía realizar los cambios necesarios para conseguirlo.

El lunes siguiente, regresé a la oficina y mandé llamar a mis dos lugartenientes. Expliqué lo que ellos ya sabían, que Crystal Dynamics trataba de abarcar demasiado. En virtud de las dimensiones de nuestros competidores, nos desangraríamos hasta morir si no modificábamos el rumbo. Teníamos que reducir la compañía, continué, hasta sus puntos fuertes medulares. Como es natural, se sintieron incómodos por mi decisión, pese a que mi falta de decisión para actuar los había tenido frustrados desde hacía tiempo. Les pedí que propusieran estrategias para llevar a cabo la reorganización y se marcharon a reflexionar en las opciones.

En seguida me reuní con dos de los integrantes clave del consejo de administración y les comuniqué mi decisión. Habíamos eludido este problema más de una vez sin llegar a ninguna conclusión, pero esta vez tenía que haber resolución. Así que añadí algo más: planeaba renunciar. Me quedaría el tiempo suficiente para ayudar a la compañía a reducirse, pero después ya no la dirigiría. Lo que era bueno para Crystal no lo era para mí.

Al final, mis dos lugartenientes, cuyos grupos se habían enfrentado implacablemente, renunciaron también. Uno de los miembros del consejo intervino para dirigir a Crystal, una compañía ya reducida, centrada en producir unos cuantos juegos de calidad que se distribuían a través de una compañía de vídeos más grande. Crystal se vendió finalmente dos años después, una compañía pequeña de juegos de vídeo engullida por otra compañía mayor de juegos de vídeo.

Mi salida creó gran agitación y resentimiento en los muchos implicados. Sentí que había hecho algo imperdonable. Había saltado de un avión que todavía estaba en el aire. Sin embargo, cuando por fin me hice la pregunta que había animado a Lenny a plantearse, no pude dejar de tener en cuenta el abismo que había entre mi pasión y lo que la compañía necesitaba. Sin una visión más grandiosa y posibilidades de realizarla, Crystal no era el lugar en el que podía imaginarme trabajando durante el resto de mi vida. Eso significó que necesitaba separarme y ya.

Mi mente volvió a concentrarse en la presentación de PetUniverse.com. Por lo menos, pensé, había empezado en Crystal con una historia y una pasión. Todo lo que podía ver en este discurso era codicia.

Había comenzado a pensar que había aspectos del juego de las compañías de nueva creación cada vez más perturbadores. El interés personal predominaba. En ocasiones me preguntaba si en lugar de estar creando a los líderes y al talento empresarial del mañana, no estaríamos simplemente clonando especuladores, hombres y mujeres de negocios sin escrúpulos, interesados únicamente en conseguir un éxito rápido y convencidos de que si uno es rico, está en lo correcto. Que el cielo nos ampare si estas empresas llegan, en efecto, a funcionar con base en la rentabilidad a largo plazo.

Me marché a casa y vi mis mensajes. Después de la mañana que había tenido, me sentí obligado a escribir a Lenny.

La vida diferida: motivación y luego pasión.

¿Quién quiere eso?

```
A: lenny@alchemy.net
DE: randy@virtual.net
ASUNTO: Vuelve a hacerte la pregunta

Lenny:

Me parece que no captaste el verdadero signifi-
cado de mi pregunta.

No se trata de realizar el mismo trabajo de por
vida. Se refiere a aquellas cosas que conside-
```

rarías que valdría la pena hacer hoy si fuera tu
último día.

No confundas la motivación con la pasión. La motivación te empuja a seguir. Es un deber, una
obligación. La pasión te atrae. Es el sentido de
identificación que experimentas cuando el trabajo que realizas expresa quién eres. Sólo la pasión te ayudará a salir adelante en épocas difíciles.

Como les digo a los grupos de Maestría en Administración de Empresas a los que en ocasiones
tengo oportunidad de dirigirme, es el romance y
no las finanzas lo que hace que valga la pena
emprender un negocio.

Necesitas algo en Funerales.com que por sí mismo
te inspire, y a otros contigo, a persistir, sin
importar las adversidades. En mi experiencia, la
promesa o esperanza de hacer dinero no sirve por
sí misma.

Vuelve a hacerte la pregunta.

Con mis mejores deseos,

r
_____

Capítulo seis

LA GRAN IDEA

A LA MAÑANA SIGUIENTE ME DIRIGÍ A SAN JOSÉ PARA ASISTIR A UNA reunión de consejo de administración. Viajar hacia el Sur por la Autopista 280 no ofrece a la vista ninguno de los lagos resplandecientes y colinas cubiertas de vegetación exuberante que conforman el paisaje que conduce a San Francisco. Después de un corto tramo estrecho flanqueado por los vastos espacios abiertos de Stanford y tierras de pastoreo salpicadas por antenas telescópicas de radio gigantes, la mancha urbana reemplaza a la campiña bucólica. Primero, los suburbios con sus complejos habitacionales y centros comerciales. Luego, cuadra tras cuadra atestadas de edificios de uno y dos pisos, cuyas fachadas pretenden dar un aire de negocio respetable, desmentido por sus otros tres lados. Son edificaciones construidas de prisa para albergar oleada tras oleada de nuevas industrias; cubos genéricos que han ocupado el lugar de las hectáreas infinitas de huertos de cerezos, ciruelos y albaricoques. Ésta es la silicona de Silicon Valley, el lugar donde nacieron las Fairchild, Intel y toda su prole. Plantas de microprocesamiento, fábricas de chips, habitaciones limpias llenas de trajes grises de conejito; éste es el lugar. Como un barrio bajo que surge ante cada nueva avalancha de inmigrantes, esta parte de Silicon Valley ha sido el refugio de los ilusos de los chips, computadoras, software y, últimamente, Internet. En el futuro, los antropólogos podrán identificar a cada generación de industrias del valle revolviendo los vestigios de remodelaciones interminables. Una racha súbita de competidores marca cada ciclo de la industria; después, la industria llega a su punto culminante y se consolida en un puñado de triunfadores. En menos de lo que canta un gallo, otra oleada de constructores de industrias advenedizos se muda y llena las vacantes. Es el "reciclaje", al estilo del valle.

Me apresuré a llegar a las oficinas de TiVo, un gran optimista con una gran idea, atrayendo mucha atención con su promesa de cambiar el mundo del entretenimiento. La sala de conferencias bullía de actividad esta mañana. Varios capitalistas de riesgo y líderes industriales, vestidos con ropa exclusiva de mezclilla y caqui, saboreaban pastelillos y rosquillas, en grupos de dos y tres personas. Mientras tanto, el equipo de administración daba la bienvenida a los miembros del consejo directivo que iban llegando. Mike Ramsey, CEO y la mitad del equipo fundador, estaba vestido elegantemente con una camisa de cuello ribeteado y pantalones plisados. Las canas confieren a Mike, de casi cincuenta años, un aire de dignidad poco habitual en las compañías de nueva creación en estos tiempos. Es un líder experimentado, con mucho aplomo y educado, que siempre se muestra agradecido con su equipo de trabajo. Su compañero y cofundador, Jim Barton, frisando los cuarenta años y vestido con pantalones vaqueros y camisa abotonada, da la impresión de haberse criado en ese ambiente. Es un tecnólogo formal que siempre habla con franqueza. El resto del equipo ejecutivo, ataviado en un estilo que se ubicaba en algún punto de la serie Mike-Jim, se disculpaban y salían de la habitación periódicamente para ocuparse de las emergencias momentáneas que requerían su atención. El consejero de Nueva York, vestido con un elegante traje azul y camisa blanca que Lenny habría admirado, se hallaba un poco aparte, sirviéndose otra taza de café a la que agregó un chorro generoso de leche.

La sala estaba decorada, si ésa es la palabra correcta, al modo "profesional del valle": sencilla, funcional, desdeñando las extravagancias. Una gran mesa de madera para unas doce o más personas dominaba el espacio. Una caja negra delgada, del tamaño de una computadora portátil grande, estaba colocada cuidadosamente sobre un televisor, de manera un tanto discreta, en el rincón más lejano de la habitación. Salvo por el estacionamiento, donde los flamantes automóviles de lujo último modelo daban fe de los numerosos triunfos anteriores, era difícil adivinar que el grupo ahí congregado incluía a algunos de los negociadores con mayor poder para cambiar las reglas del juego en el valle.

En estas compañías que empiezan, donde el progreso se mide en minutos, las reuniones mensuales del consejo de administración son la norma. En este momento, TiVo sólo tenía dos años de antigüedad, y ya había recaudado más de 100 millones de dólares y atraído a un grupo ilustre de socios inversionistas, que incluía a Sony, AOL, Disney, DIRECTV, Philips, CBS, NBC, Liberty Media, TV Guide, Showtime y Quantum. Había lanzado al mercado un producto y servicio de talla mundial y reunido a un equipo estelar.

Entonces TiVo se encontraba al borde de lo que la mayoría de los fundadores considera el paraíso. Estaba a punto de salir a la bolsa. Sin embargo, al recorrer la habitación con la mirada, percibí que el cansancio eclipsaba el júbilo. Y, a diferencia de Lenny y otros entusiastas como él, estos sujetos consideraban que la oferta pública inicial de acciones es un medio, no un fin: la veían como una escala financiera, una oportunidad para reabastecerse para el largo, muy largo, camino que tenían por delante.

TiVo había atraído tal apoyo de compañías importantes debido a las posibilidades poco habituales que ofrecía, gracias al poder de la idea y la promesa de un cambio fundamental. Oí hablar por primera vez de la compañía en el otoño de 1997, cuando Stewart Alsop, uno de los expertos de Silicon Valley, columnista y socio capitalista de riesgo de New Enterprise Associates, me llamó para comentar la idea original. Él y Geoff Yank, un prominente capitalista de riesgo que en aquel entonces trabajaba en Institutional Venture Partners y en la actualidad en Redpoint Ventures, estaban promoviendo una compañía de nueva creación llamada Teleworld, la primera encarnación de TiVo. Pocos días después me dirigí al Konditorei para escuchar la presentación de los fundadores. Mike Ramsey era un ejecutivo distinguido de Silicon Graphics, donde había dirigido una parte considerable de la empresa, y Jim Barton era un genio destacado de la ingeniería, que también provenía de SGI. Entre todos los presentadores que he oído, ellos sobresalían por su madurez y logros. SGI había participado en los ensayos que realizó Time Warner Cable sobre vídeo por pedido en Orlando, Florida. Un intento ambicioso por ofrecer a precios económicos a los televidentes caseros una vasta filmoteca que les permitiría ver las películas cuando quisieran; aquellos ensayos habían sido un descalabro, pero Mike y Jim querían aplicar las lecciones aprendidas a una nueva empresa.

Su idea de Teleworld consistía en vender un nuevo tipo de hardware, un servidor doméstico que no sólo almacenara digitalmente la información electrónica entrante, entre otra el contenido de audio y vídeo, sino que también enlazara la gama de dispositivos digitales que rápidamente se estaban convirtiendo en objetos familiares en todos los hogares: computadoras, PDAs y aparatos de Internet. Preocupados porque tal vez se anticipaban al mercado y porque los clientes podrían tardar en apreciar el valor final de su producto, Mike y Jim planeaban impulsar el negocio dando a los clientes la capacidad de digitalizar y almacenar varias horas de programación televisiva en una caja convertidora. Su producto inicial sería, en efecto, una videograbadora sobrealimentada combinada con una guía de programación inteligente. Debido a lo costoso del almacenamiento electrónico, el aparato tendría un precio elevado.

Su estrategia me hizo sentir pequeño. El trabajo en compañías como GO y WebTV me convenció de que no hay margen en el negocio de consumo de hardware. Requiere una enorme inversión, exige distribución masiva y crece con lentitud. Creía que el valor de este tipo de hardware podría derivarse sólo de los servicios que proporcionaba al consumidor y a los socios de la industria (en este caso, anunciantes, programadores y cadenas de televisión). Sin embargo, el modelo de negocios inherente a dicha estrategia es incierto. Si se fija el precio del hardware lo suficientemente alto para generar márgenes aceptables, el precio de venta al público del producto sería demasiado costoso para crear con rapidez el volumen de usuarios necesario para permitir el funcionamiento de una empresa sólida de servicio. Por otro lado, a diferencia de los servicios de Internet y software, donde no hay gastos marginales, o si los hay éstos son escasos, por cada nuevo usuario, el costo de subsidiar estas cajas caras para hacerlas accesibles y acelerar la adopción haría quebrar la banca. Mike y Jim hablaban de vender cientos de miles de convertidores, pero eso no bastaría para formar un público suficientemente grande para los proveedores de servicios y anunciantes. Tendrían que vender millones de unidades, y rápido. Si se centraban en los convertidores, les advertí, "su legado tal vez sería haber plantado las semillas de un mercado enorme, que a la larga cosecharán los gigantes de los aparatos electrónicos y

proveedores de servicios". Sean pioneros en el nuevo territorio, previne, pero no terminen con flechas en la espalda.

¡Qué aguafiestas soy! Fueron amables y me agradecieron
mi franqueza. Cuando nos despedimos, no lograba concebir
cómo alcanzarían el éxito en el negocio de hardware que
imaginaban, y nunca esperé volver a saber de ellos. En mi experiencia, a los empresarios no les gusta que les digan que se
equivocan. No está en su ánimo sentarse a escuchar ese tipo
de crítica. Es por ello que muchas ideas en este valle se vuel-
ven realidad contra todo el sentido común. Es bueno cuando
los empresarios son un poco sordos y ciegos, pero si son completamente sordos y completamente ciegos, y muchos lo son,
es poco probable que aprendan lo suficiente del mercado y
de sus asesores para convertir su visión en realidad.

Para mi sorpresa, Mike me volvió a llamar una semana después y accedí a que nos reuniéramos de nuevo. Él y Jim no
habían tomado mis consejos muy en serio, pero los habían
pensado con detenimiento y revisaron sus planes en aquellos
puntos donde creían que era posible mejorar sus ideas. Su
nueva idea, que a la larga se transformó en TiVo, era mucho,
pero mucho más grande.

En esencia, el negocio había evolucionado de un modelo
basado en el hardware a una estrategia basada en los servicios. El meollo de su gran idea era lo que llamaron "televisión
personalizada". Usando el convertidor y su capacidad de
grabar programación, propusieron entonces ofrecer un servicio que diera a los televidentes control total e individualiza-
do sobre lo que veían por televisión y cuándo lo veían. El precio del convertidor sería más bajo para fomentar un mayor
volumen de ventas, con lo que saltarían a una tierra financiera de nadie en un juego donde podrían reunir un público
comercializable a tiempo para que los ingresos por el servicio
aumentaran y compensaran con mucho las pérdidas por los
convertidores. ¿Cómo ganarían ese dinero si cada convertidor
tenía un precio inferior al costo? Por medio del volumen, es-

to es, un volumen de televidentes suficiente para financiar un servicio rentable basado en suscripciones, publicidad y comercio. La combinación de estas fuentes de ingresos y el equilibrio entre cuánto provendría de los consumidores y cuánto de los socios de la industria se determinaría más adelante. Con el tiempo creían que el hardware independiente y sus costos desaparecerían a medida que los televisores y otros convertidores suministraran la potencia y el almacenamiento digital necesario para la televisión personalizada. Entonces TiVo sería solamente proveedor de servicios, con un modelo financiero mucho más fuerte.

Escuché su nueva idea y comprendí que si tenían éxito, la reja entre la programación televisiva y los horarios de las cadenas se rompería. Si el espectador veía un programa en otro horario, los comerciales ya no tendrían un público cautivo. El televidente simplemente podría omitirlos y seguir adelante a voluntad. Podría ver un programa transmitido los domingos por la mañana en el horario estelar entre semana y viceversa. Los anunciantes que pagan fuertes cantidades de dinero por llegar al público del horario estelar podrían o no seguir pagando. Con el convertidor de TiVo, cualquier hora sería horario estelar, sin importar cuándo se sintonice. El control se trasladaría de las cadenas de televisión a cada uno de los miembros del público. La televisión jamás sería igual.

Había más, comprendí, porque TiVo sería interactivo. El servicio requería una conexión telefónica para transmisión de datos y atención a los clientes, lo cual creaba un canal de comunicación con y de cada televidente. Los espectadores podrían comunicarse con el servicio de TiVo para una miríada de propósitos: al principio, para expresar opiniones acerca de los programas u organizar su propia programación y, con el tiempo, si alguien así lo quería, comprar una blusa antes de que la actriz se la quitara. Al ver la televisión, el convertidor aprendería lo que a uno le gusta, y si uno así quisiera, lo buscaría y guardaría automáticamente. A la larga, uno sólo recibiría la publicidad y los mensajes de mercadotecnia pertinentes, dirigidos a satisfacer sus intereses. Estos servicios dependerían de tecnología compleja por parte del proveedor, pero los usuarios no tendrían que saber nada al respecto. Todo sería transparente para ellos.

Ésta era una oportunidad de encontrar valor en públicos cada vez más segmentados. Una audiencia de dos millones de personas podría valer más que una de veinte millones, debido al conocimiento que se tuviera de esos dos millones de personas. Es mejor enviar un anuncio para vender autos Corvette a un público pequeño compuesto por completo de varones solteros y acaudalados que a un público grande integrado en su mayoría por parejas trabajadoras con tres niños. Lo mejor de todo: los perfiles personales del público serían privados y seguros, ya que permitirían a los televidentes tomar la decisión de compartir o no información personal y cuándo. Las posibilidades que planteaba esta visión eran formidables, pero muchas piezas tendrían que encajar para lograr que funcionara y muchos interesados en la industria de la televisión podrían ver los cambios inminentes como una amenaza y oponerse.

Mientras me hallaba sentado en el Konditorei durante esa segunda reunión con Mike y Jim, analicé las posibilidades. Pensé: "Estos sujetos no necesitan veinte millones de dólares, necesitan por lo menos doscientos sólo para empezar". Este proyecto requeriría líderes expertos, un equipo de administración capaz de forjar un conjunto complejo de relaciones entre anunciantes, programadores, emisores y creadores de contenido. El equipo corría el riesgo de convertir en enemigos a esos titanes a menos que lograra convencerlos de unirse al movimiento. No era posible ignorar a las partes interesadas, porque sus funciones en el futuro del entretenimiento por televisión seguirían siendo cruciales. Todo dependía del contenido y alguien, en alguna parte, tendría que pagar el precio. Era poco probable que todo se convirtiera en "pago por evento" y, por ello, la función de los anunciantes continuaría siendo poderosa, y luego tanto el contenido como la publicidad aún tendrían que ser distribuidos por medio de las cadenas televisivas y emisoras. Esto requeriría actuar con diplomacia, no solamente con destreza tecnológica.

No pude resistirme a su gran idea. Cuando me invitaron a contribuir haciéndola realidad, no titubeé. Con el tiempo, me incorporé al comité ejecutivo del consejo de administración.

Durante dos años, Mike y Jim evangelizaron incansablemente a los participantes de la industria y, después de su alarma inicial, los líderes estaban lo suficientemente intrigados por esta gran idea para ofrecer su apoyo. Ahora TiVo necesitaba recaudar una suma cuantiosa para financiar la carrera para desplegar la tecnología y formar un público. Era hora de acudir a Wall Street. Habíamos asistido a la reunión del consejo directivo de ese día para darle nuestra bendición al siguiente paso, la oferta pública inicial de acciones.

Buena parte del tiempo que duró la reunión transcurrió enfocándonos en problemas legales bizantinos en relación con la oferta inicial. Los abogados de Cooley Godward, un despacho venerable del valle, revisaron la situación de la declaración preventiva impresa en rojo, que es la presentación inicial que se hace ante la SEC. La mayoría de nosotros habíamos oído antes esa letanía, así que los abogados hicieron su trabajo, pero lo equilibraron siendo breves. Analizaron los problemas contables relacionados con las opciones de compra de acciones otorgadas a los empleados. La SEC aseguraba que algunas de éstas tenían precios inferiores a los del mercado. Si el perro guardián federal tan sólo supiera lo impredecibles que son estas empresas, el carácter súbito con que se presenta la oleada a favor de realizar una oferta pública inicial, tal vez entendería mejor por qué casi todas las compañías en el valle se enfrentaban casi siempre al problema de las "acciones baratas". Los abogados nos previnieron que no debíamos hablar sobre la oferta pública inicial durante el "periodo de tranquilidad", otro paso en falso, según la SEC, porque podría malinterpretarse y dar pie a que se pensara que promovíamos prematuramente las acciones. Nos recordaron, como era práctica común en las ofertas públicas iniciales, que los empleados e inversionistas de la compañía estarían "atados de manos", esto es, tendrían prohibido negociar con acciones de TiVo, durante 180 días, lo que garantizaría un precio más manejable de las acciones en los seis meses posteriores a la oferta. Por último, la SEC quería que se aclarara mi puesto, "CEO virtual", y pidió que se modificara el nombre para evitar confusiones en el mercado. Los perros viejos no toman muy a bien los nuevos trucos y una vez más se hizo patente por qué la nueva economía germinaba en el valle.

El consejo advirtió al equipo de administración que debía evitar distraerse mucho o mostrarse demasiado eufórico por la oferta pública inicial. Ni siquiera los fundadores y la administración comprometida a largo plazo pueden evitar sentir cierta preocupación acerca de las posibilidades de que la oferta cambie sus vidas. El primer día de negociación es fascinante para aquellos que han trabajado incesantemente por formar la compañía. Para esos empresarios, la oferta pública inicial constituye la prueba de que no son lunáticos. Por fin están en condiciones, al menos por un tiempo, de dejar de asegurar a su familia y amigos que este trabajo será importante y que están en su sano juicio, pese a haber sacrificado todo por esta oportunidad. Después de la oferta pública inicial, los altibajos del precio de las acciones pueden marear a cualquiera. La buena administración debe recordar constantemente a su personal que no tome en consideración los bandazos del mercado y se concentre en el horizonte. Calma.com.

TiVo tuvo la oportunidad de cambiar para bien el *statu quo*, con un potencial sobre el que sólo podíamos hacer conjeturas. Claro, el mercado y el modelo de negocios todavía no estaban probados, los interesados podrían oponer resistencia férrea, y los competidores grandes y pequeños tal vez se apoderaran de la oportunidad, pero Mike y Jim estaban preparados para asumir el desafío: astutos, experimentados, flexibles, capaces de aprender sobre la marcha y dispuestos a hacer lo que fuera necesario para triunfar. No perdieron tiempo hablándome de estrategias de salida. La televisión personalizada sería su legado.

Regresé a casa a media tarde, me puse unos pantalones cortos y una camiseta de manga corta, abrí las puertas que daban a las colinas, dejé que los perros juguetearan un poco y pasé una hora más o menos haciendo ejercicio en el estudio, que también servía de dormitorio para los perros, oficina y gimnasio. Hice algunas rutinas de pesas y me ejercité en otro aparato mientras tomaba y respondía a mis mensajes telefónicos, mi propia receta de multitareas. Luego revisé mi correo electrónico. Vaya sorpresa, Lenny no había desaparecido. Entremetido en medio de varios mensajes había uno marcado "¡Urgente!"

A: <u>randy@virtual.net</u>

DE: <u>lenny@alchemy.net</u>

ASUNTO: El filón de oro

Hola, Randy:

¡Estupendas noticias!

Frank llamó y quiere que hagamos una presentación el próximo lunes por la mañana en la reunión de sus socios. Ésta es la oportunidad que hemos estado esperando. No sé qué dijiste, pero gracias.

Un pequeño problema técnico. Allison, mi socia, recibió una oferta de trabajo que está considerando aceptar. Creo que empieza a perder la paciencia; ¡justo cuando todo nuestro trabajo comienza a dar frutos! La oferta de empleo es de una organización de administración de hospitales. Lo que ella tendría que hacer es crear

una estrategia para brindar asistencia a los socios por Internet, aunque no se compara con Fu-
nerales.com. Ella accedió a acompañarme a la
presentación del lunes, pero está indecisa entre
Funerales.com y el nuevo empleo.

¿Estarías dispuesto a reunirte con nosotros después de ver a Frank y a sus socios? Si Allison
tuviera la oportunidad de hablar contigo, tengo
la impresión de que volvería a entusiasmarse, en
especial si la junta con Frank sale bien. Comprendo que no la conoces; por ello, te estoy
reenviando su mensaje de correo electrónico junto
con otra versión revisada del plan de negocios.

He estado pensando mucho en tu pregunta; sin embargo, en este momento necesito concentrarme en
la reunión.

¡Casi puedo oler el dinero! Por fin... ¡es in-
creíble!

Lenny

Suspiré. Cosas más extrañas han ocurrido. Como todo buen capitalista de riesgo haría, Frank estaba olfateando ese gran mercado y Lenny era su única opción por el momento. Estoy seguro de que en cuanto tuvo noticias de Frank, Lenny hizo inmediatamente de lado todas las cuestiones que le planteé. ¿Por qué molestarse con una pregunta metafísica desca-bellada si de todos modos vas a recaudar el dinero y a volverte rico en el proceso?

La indecisión de Allison presentaba un desafío crucial para Lenny. Si la perdía, sería un golpe muy duro a sus posi-bilidades. Abrí su mensaje.

A: lenny@alchemy.net
DE: "Allison Whitlock" awhitlock@digger.net
ASUNTO: Re: California, ¡aquí vamos!

Hola, Lenny:

De acuerdo, iré. No quiero que fracases, incluso si yo no tengo relación alguna con Funerales.com a la larga. Has trabajado mucho por esto. Pase lo que pase, espero que las cosas funcionen para ti. Te lo mereces.

Sin embargo, por favor entiende, aun si te acompaño, no me comprometo a nada. Últimamente me cuesta trabajo conciliar a Funerales.com con la idea que me atrajo en el principio. Cuando empezamos a hablar de ella y a planearla, cuando tú y tu familia pasaban por días muy difíciles debido a la muerte de tu padre, la veíamos como una manera de ayudar a la gente que se enfrenta a la pérdida y el sufrimiento. No se trataba solamente de vender ataúdes más baratos. Como dices, es un buen punto de partida, y comprendo que los inversionistas se centren en los aspectos financieros del negocio. Pero, ¿personalmente? No me interesa convertirme nada más en una comerciante detallista en Internet.

Te ayudaré en todo lo que sea posible. Sin embargo, todavía no me comprometo. Tengo que comunicar mi decisión a la organización de administración de hospitales dentro de diez días.

Hasta luego,

Al

No me habría sorprendido si la socia de Lenny quisiera retirarse porque hubiera recibido una mejor oferta, algo concreto en comparación con los riesgos inherentes a la puesta en marcha de una empresa. Pero nunca tomé en consideración que podría estar en desacuerdo con la misión sin vida de Lenny o que su idea original era más compasiva y convin-

cente de lo que Lenny ahora dejaba entrever. No podía asegurar nada por lo poco que Allison dijo, pero "ayudar a la gente que se enfrenta a la pérdida y el sufrimiento" me parecía
más fascinante que vender ataúdes baratos. Una mejor idea.
La tal Allison empezaba a simpatizarme.

La oportunidad de trabajar en una gran idea es una razón
poderosa para que la gente se apasione y comprometa. La
gran idea es el pegamento que se conecta con su pasión y la une
a la misión de una organización. Para que la gente alcance la
grandeza, para realizar lo imposible, necesita inspiración más
que incentivos financieros. Al parecer, Lenny estaba echando
por la borda su visión fundadora por una idea equivocada de
lo que el éxito exigía. Trataba de reducir Funerales.com a una
ecuación, una fórmula, un modelo. La impaciencia no era el
problema de Allison, sino encontrar algo en Funerales.com
que de verdad pudiera interesarle.

SU AMBIVALENCIA Y LA ATENCIÓN DE LENNY CENTRADA EN LA
fórmula por encima de la misión me recordaron mi experiencia en Apple y, específicamente, una de las negociaciones
más importantes en las que participé ahí, que acaba de hacerse del conocimiento público por primera vez en fechas recientes.

La gran idea de Apple había sido "Computación para todos". Sin embargo, la compañía era cada vez más rehén de los
márgenes y los resultados trimestrales generados por su modelo de negocios, que estaba basado en hardware de primera
calidad. Su participación dentro del mercado de las computadoras personales era limitada, ya que se había hecho adicta
a vender computadoras a márgenes y precios muchos más elevados que sus competidores. Su interfaz intuitiva y amigable
era la justificación de tales márgenes, pero ese modelo de negocios y la posición de Apple se vieron amenazados ni más ni
menos que por Microsoft. En 1986 ya todos conocíamos Windows 1.0, y aunque no representaba ninguna amenaza para el

entorno operativo Macintosh en esa época, comprendimos lo que significaba. El dedo gordo de Microsoft, incluso todo el pie, estaba en el agua. En algún momento desarrollaría un producto suficientemente bueno. Entonces la competencia se parecería tanto a Apple como para erosionar los márgenes de Apple y arrinconarla en una esquina creada por ella misma, con participación y utilidades en declive.

Junto con muchos otros dentro de Apple, fui un defensor acérrimo de autorizar el uso del sistema operativo Macintosh con el propósito de adelantarnos e impedir que Microsoft estableciera el estándar de las computadoras amigables con el usuario. Después de todo, era el derecho de primogenitura de Apple, su misión preponderante. Esto significaría desarticular nuestro propio modelo, sacrificar los márgenes por volumen y participación de mercado, pero parecía mejor que hacer un círculo con las carretas para defender una parte cada vez menor del negocio de las computadoras personales. El abogado general de Apple, mi jefe, me pidió que formulara un plan para licenciar el sistema operativo Mac, conteniendo las garantías necesarias para proteger los intereses básicos de Apple.

En la primera fase de esta nueva estrategia, un colega y yo fuimos comisionados para negociar una licencia del entorno Mac para Apollo Computer en Massachusetts, a la sazón uno de los principales fabricantes de estaciones de trabajo. Mi compañero, Mike Homer, era un prodigio en la organización de mercadotecnia de Apple. Entendía a la perfección la tecnología y tenía facilidad para las ventas y la mercadotecnia. Tiempo después desempeñaría una función crucial en Netscape. Los dos formamos un equipo que negoció con Apollo durante meses, lo que implicó volar de un lado a otro del país y coordinar nuestros movimientos con el proveedor en Cupertino; con el tiempo, llegamos a un acuerdo.

Ahora todo lo que necesitábamos era la firma de John Sculley. Mike presentó el convenio al equipo ejecutivo de Apple, esperando, sin abrigar la menor duda, que éste se firmaría y que la compañía anunciaría por fin que iba a licenciar el sistema operativo a otros. Negociar el trato había sido un proceso deliberado, consecuencia de una estrategia calculada para la cual se había alcanzado un consenso. En vez de ello, lo que ocurrió, típico del estilo de administración de Apple en esa época, fue que afloraron reservas reprimidas acerca de nuestros márgenes y modelo de negocios que dieron pie a discusiones gravosas. Sculley dio marcha atrás a última hora. Apenas logramos alcanzar a la gente de Apollo, que se trasladaría a Cupertino para la firma final y celebración, en el Aeropuerto Logan de Boston.

La noticia fue algo más que bochornosa. La decisión, bastante discutible, de rehusarse a licenciar el sistema operativo Mac era un error fatal de Sculley y su equipo de administración, así como un paso en falso de consecuencias graves para Apple. Nadie sabe qué habría sucedido si Apple hubiera seguido adelante con ese convenio y con la idea de otorgar licencias de uso de su sistema operativo a otros fabricantes.

La Apple de Sculley subordinó la gran idea de la compañía al modelo de negocios. Ese modelo no era la esencia de Apple. Era simplemente el mejor medio en ese momento de hacer realidad algo valioso a partir de la gran idea. El modelo de negocios puede y debe cambiar con el tiempo, a la par que el mundo. En última instancia, cuando la gran idea se perdió, el mercado y los empleados de Apple ya no encontraron razón alguna que justificara apoyar el negocio de Apple. Su fanatismo se debilitó y transformó en ambivalencia.

Tenía curiosidad por saber si Lenny no estaría siguiendo el ejemplo de la Apple de Sculley, aun antes siquiera de poner en marcha la empresa. ¿Vendía el modelo de negocios en lugar de la gran idea, sea cual fuere, que había atraído a Allison y a él hacia Funerales.com en el principio?

Las condiciones comerciales siempre cambian. Es necesario reconsiderar constantemente las estrategias y modelos de negocios y ajustarlas cuando haga falta. Sin embargo, la gran idea que la compañía busca realizar es la piedra angular de los detalles. Si la gran idea se deja de lado para hacer frente a las exigencias del negocio, esto lo deja a uno sin brújula. Siempre aconsejo a las compañías que definan su negocio en función de hacia dónde va, en qué va a convertirse, y no simplemente dónde se encuentra en el presente. Establecer el rumbo y luego trabajar con ahínco para despejar el camino, a sabiendas de que es posible dar rodeos cuando surgen obstáculos, pero el rumbo se mantiene fijo hacia las mismas coordenadas.

Envié un mensaje de correo electrónico a Lenny para confirmarle que me daría gusto reunirme con él y Allison el lunes siguiente y salí a molestar a las perras.

Capítulo siete

EL BALANCE FINAL

—UN MEGA, DOBLE, DESCAFEINADO, CON LECHE DESCREMADA, POR favor.

—Ah, un *¿Para qué molestarse?*—Connie me guiñó un ojo—. Te gusta correr riesgos.

Le entregué dos dólares y cuarenta y nueve centavos y me dirigí a mi mesa de siempre en el exterior, a un lado de la puerta. ¿Para qué molestarse, pensé, con una bebida que tiene tan poco cuerpo, que da la impresión de ser café verdadero, pero que ha perdido sus efectos a través de un proceso tedioso? Las porciones continúan creciendo, pero el sabor ha sido reemplazado por una leve esencia. Tal vez era momento de volver a tomar café real.

Bebí un sorbo de espuma caliente y confiaba en oír algo más satisfactorio que el plan de negocios revisado de Lenny, versión 8.0, que puse en la mesa frente a mí. Llegué temprano para dedicar unos minutos a examinarlo. Si las afirmaciones de Lenny eran ciertas, esta versión contestaría todas las preguntas irritantes y pondría a Funerales.com en el camino de la grandeza.

Lo hojeé. Lenny había vuelto a hacer los cálculos del mercado y la participación para dominar de manera más dinámica un mercado ligeramente más pequeño. Añadió una sección que explicaba cómo había buscado a los clientes en perspectiva, sobre todo a partir de recomendaciones de profesionales médicos que trabajaban con los agonizantes y los supervivientes. Incluso preparó un organigrama donde él mismo aparecía como CEO y Allison como vicepresidenta de mercadotecnia. El resto de los cuadros se encontraba en blanco. Incluir a Allison en el plan era simplemente un deseo de Lenny. En general, había perfeccionado algunas tácticas, pero todo se resumía en ataúdes "Mejores-Más rápidos-Más baratos". Al parecer, Lenny estaba preparado para tratar de arreglárselas lo mejor posible en su presentación. Me pregunté cómo reaccionarían Frank y sus socios.

Alcé la mirada para ver a Lenny y a una mujer que debía ser Allison cruzando el estacionamiento. Allison, que era mucho más alta que Lenny, parecía dar un paso por dos de él. Lenny iba gesticulando, casi saltaba de gusto, mientras se aproximaban. Allison sonrió cuando Lenny me señaló, dijo algo y rieron. Una broma privada que yo tendría que indagar después. La reunión con los capitalistas de riesgo debía haber salido bien.

—Randy, ¡no podía habernos ido mejor! —gritó Lenny cuando casi estaba encima de mí. Mientras me estrechaba la mano, añadió—: Frank se portó estupendamente. Nos apoyó en todo. En realidad me siento muy optimista.

No hubo apretón de brazo esta vez. En lugar de ello, me dio unas palmaditas en el hombro. Ahora éramos amigos.

—Gracias a ti, Randy.

Sí, cómo no.

Presentó a Allison como su "socia".

—¿Quieren tomar algo? —preguntó—. Yo invito.

Señalé la taza medio llena que tenía frente a mí. No me hagas empezar de nuevo, pensé. Lenny se dirigió al mostrador.

Allison y yo nos estrechamos la mano y ella acercó una silla blanca de plástico de la mesa contigua y se sentó.

—Entonces, ¿todo salió bien? —le pregunté, tratando de disimular mi preocupación.

—Eso creo —respondió ella—. Lenny está muy complacido —si había un dejo de duda en su voz, tuvo cuidado de ocultarlo.

Vestida de manera conservadora con un traje oscuro, blusa blanca y un pañuelo azul marino, Allison iba peinada con el cabello recogido y apartado modestamente de la cara. Ella y Lenny formaban una buena pareja. Pero la semejanza terminaba ahí. Con su estatura y porte, la tranquila confianza de Allison era la antítesis de la energía nerviosa de Lenny. Me sorprendería, pensé, si ella fuera tan inquieta como él. Por el momento, en su aspecto y modales, parecía reservada, o tal vez sólo estaba pensativa. Probablemente no sabía qué esperar cuando accedió a acompañar a Lenny a esta reunión.

—¿Qué pasó? —insistí—. ¿Qué dijo Frank?

—Parecía muy positivo cuando nos acompañó a la salida al final de la reunión. Prometió que se mantendría en contacto.

Bueno, es un hombre de palabra, pero su amabilidad no me dejaba entrever nada.

Observé a Lenny en el mostrador, entreteniendo a Connie. Sin duda le obsequiaba las primicias de la reunión y profetizaba un cheque abultado. Ella practicaba su técnica de escuchar activamente.

No obstante sus sonrisas felices, tanto Lenny como Allison se veían en realidad agotados por la mañana que habían pasado. Como ocurre en estas ocasiones, ellos eran probablemente sólo uno de los varios equipos presentadores de la lista de la compañía de Frank. Los socios por lo general se reúnen en la sala de juntas y se sientan alrededor de una enorme mesa de madera, equipada con todos los dispositivos de audio y vídeo de la era espacial conocidos por el hombre. Por supuesto, nadie sabe nunca cómo usarlos todos, y sin importar la pericia técnica de los fundadores, siempre parece transcurrir una eternidad mientras los detalles técnicos de último momento se solucionan antes de que empiecen los juegos pirotécnicos. Los asistentes jóvenes y entusiastas entran a voluntad, y pasan trozos de papel a los socios. Los socios salen y otras personas entran. Como presentador, uno espera que todas estas idas y venidas impliquen asuntos de importancia, pero por lo general se trata de algo más inocente: el nuevo Mercedes de uno de los socios acaba de llegar o es necesario hacer arreglos para recoger a los niños a la salida de la escuela. Pese a la informalidad, toda la experiencia deja a muchos equipos de presentadores sintiéndose desnudos y vulnerables. En ocasiones, los equipos no pasan incluso de la primera diapositiva, cuando los inquisidores empiezan a lanzarles preguntas sin respuesta o dolorosamente delicadas, que extirpan los sueños con precisión quirúrgica. He observado el ritual muchas veces. Todos los días, en los recibidores de Sand Hill Road, filas de fundadores aguardan sentados con nerviosismo su turno para ver al dentista.

—Parece que no tuvieron ningún problema —sondeé.

—Ah, yo no diría eso —respondió ella—. No sé cómo son estas cosas, pero hubo muchas preguntas espinosas. Por lo menos, así me lo parecieron. No estoy segura de que hayamos respondido de manera satisfactoria, aunque Lenny parece pensar que sí.

Lenny regresó con el té negro de Allison y su café.

Cambié el tema.

—Lenny nunca me contó —me dirigí a Allison— cómo se reunieron para organizar lo de Funerales.com.

Ella sonrió, más tranquila, con esta táctica.

—Nos conocemos prácticamente de toda la vida.

De niños, jugaban juntos. Ella nació en Boston, pero sus padres se mudaron poco después al Oeste Medio. Tuvieron épocas difíciles, así que ella pasaba los veranos con su abuela, que vivía junto a Lenny y su familia. De un modo u otro, Lenny y ella se hicieron grandes amigos. Allison era algunos años mayor que él.

—Perdimos contacto cuando dejé de visitar a mi abuela —continuó ella—. Hace apenas ocho o diez meses que volvimos a encontrarnos.

Allison regresó a Boston para el cumpleaños setenta y cinco de su abuela y se enteró de que el padre de Lenny había muerto repentinamente esa semana. Al día siguiente asistió al funeral y presentó sus condolencias a la familia. Después, ella y Lenny se enfrascaron en una conversación acerca del funeral y las complicaciones ocasionadas por el hecho de que los hijos de Jack, para no mencionar a sus numerosos hermanos y hermanas, se hallaban dispersos por todo el país. Las charlas de Lenny y Allison se convirtieron en intercambios de extensos mensajes de correo electrónico y luego en reuniones personales cuando empezaron a formular los planes para Funerales.com.

Allison, que tenía una maestría en trabajo social y había ascendido en el transcurso de ocho años al puesto de directora de mercadotecnia de una cadena de agencias funerarias, conocía la industria. Sus conocimientos y la fascinación que Lenny sentía por Internet se combinaron para dar ímpetu a Funerales.com.

—Lenny es el vendedor en este asunto —añadió ella—. Tiene que cargar con toda la responsabilidad de los planes de negocios y las presentaciones.

—¿Les hiciste tu presentación de la agencia funeraria hoy? —pregunté a Lenny.

Él negó con la cabeza, con cierta timidez.

—Le advertí que me saldría de la reunión si lo hacía —rió Allison.

—Dime qué piensas sobre la reunión, Lenny —pedí.

—Reunirme contigo y trabajar para responder a tus preguntas —empezó— fue como practicar para la presentación de hoy, el acontecimiento principal. Todos los detalles acerca de los mercados y distribución salieron muy bien.

Continuó relatándome los pormenores de la reunión paso a paso, mientras Allison guardaba silencio. Había hablado mientras proyectaba sus diapositivas. Mencionó que hubo muchas preguntas acerca del mercado y de cómo funcionaba en la actualidad el negocio de las funerarias. Respondieron a todas las preguntas, y Allison y su conocimiento de la industria fueron invaluables. Frank fue muy servicial. Se aseguró de que los puntos fundamentales se abordaran y comprendieran. Lo mismo que Allison, Lenny concedió un gran valor a los modales y palabras de Frank cuando él, muy cortésmente, los acompañó a la salida.

Era un misterio para mí. Por la forma en que Lenny la describió, la presentación parecía haber sido todo un éxito. Empecé a preguntarme qué le estaban poniendo a su café Frank y sus socios. Ésta no sonaba a la presentación trillada ante los capitalistas de riesgo. Tampoco parecía ser la misma reunión que Allison había empezado a describir unos momentos antes.

—¿Y las preguntas espinosas? —pregunté.

—Hubo algunas preguntas difíciles de vez en cuando —respondió Lenny—, pero nada que no pudiéramos manejar. Creo que todo el mundo se sintió satisfecho con las respuestas.

Allison enarcó una ceja.

—Frank nos ofreció apoyo —comentó por fin ella—. Y en realidad parecen estar genuinamente interesados en el mercado. No creo que oigan muchas ideas como ésta. Quiero decir, no imagino que muchos emprendedores jóvenes y entusiastas de Internet mueran de ganas de trabajar en el negocio de las funerarias.

Lenny rió.

—Sin embargo, Lenny, creo que Phil hizo varias preguntas que no respondimos del todo bien —añadió Allison, observando a Lenny, consciente de que lo estaba contradiciendo.

Conocía a Phil, uno de los socios de Frank; es un ex académico enjuto, e intenso, que se distingue por usar tirantes y corbatas de moño. Era profesor de ingeniería en Stanford antes de convertirse en capitalista de riesgo.

—Creo que las manejamos bien —se defendió Lenny.

—Pero yo lo observé con detenimiento mientras hablabas, y no sé si estaba...

—Sí, pero Frank nos cubrió —la interrumpió Lenny—. Él se hará cargo. Se mostró muy optimista al final.

—¿Qué dijo Phil? —pregunté, mirando a Allison esta vez.

—Bueno —respondió ella—. Quería saber cuántas personas comprarían nuestros productos por Internet. Tenía sus dudas respecto a que la gente tuviera ánimo para reflexionar en un momento así de emotivo. ¿Estaría dispuesta a comparar precios? ¿Por qué usaría Web para investigar sus opciones? Hizo muchas preguntas como éstas —se interrumpió un momento—. No creo que nuestras respuestas hayan sido satisfactorias. Phil dejó de tomar notas y empezó a hacer garabatos mucho antes de que Lenny terminara —recordó.

Esto me sonó mucho más parecido a las reuniones que yo conocía.

—Pero Phil fue el único escéptico de todo el grupo —aseguró Lenny.

Le dije que lo dudaba. La mayoría de los capitalistas de riesgo exigen unanimidad entre los socios antes de aceptar un trato. No invierten a menos que todos estén de acuerdo, o casi. En estas reuniones, por lo general hay un defensor de cada idea. Frank llevó a Lenny, así que tal vez él interpretó el papel del policía bueno. Se aseguró de que todos los puntos a favor de la idea se presentaran, se comprendieran y se discutieran. Los capitalistas de riesgo quieren poner a prueba a los fundadores y

quieren que éstos demuestren de qué son capaces, pero no tiene
ningún sentido crucificarlos. Por ello, siempre hay un policía
bueno y, a menudo, alguno de los otros socios representa el papel del policía malo que hace las preguntas difíciles y sondea los
problemas que afloraron en las discusiones previas entre los socios. Me pareció que Phil había sido el policía malo esta mañana. Tal vez él fue quien planteó las preguntas difíciles, pero lo
más seguro es que hablara a nombre de todos los socios, incluso
Frank, cuando expresó su escepticismo.

—Es posible que hayas estado tan ocupado haciendo tu
presentación que no observaste todas las señales —comenté a
Lenny.

Lenny me miró un momento, ofendido.

—Tenías que haber estado ahí —repuso al fin.

Y no lo estuve. Era cierto.

—Phil estaba muy preocupado —continuó Allison— de
que si somos los primeros en abrir nuevos caminos en este
mercado, alguna cadena grande de agencias funerarias, como
mi compañía, vislumbre las oportunidades y decida competir
con nosotros. Tienen las dimensiones y dinero que nosotros
no poseemos y su red de agencias funerarias locales representa una enorme ventaja.

—Sin embargo, actúan con lentitud y están inmersas en su
viejo modelo de negocios —rebatió Lenny—. Tienen que
mantener toda esa estructura material con márgenes elevados. Eso fue lo que dije en la reunión. No van a canibalizar su
negocio actual. Además, cuando las funerarias del mundo real
lo entiendan por fin y decidan convertirse en funerarias vir-
tuales, nos adquirirán. Tal vez cuenten con el dinero en este
momento, pero no están muy entusiasmadas con Internet
—me lanzó una mirada para ver si captaba algún problema.

—No estoy tan seguro —empecé a decir.

—No se necesita ser muy astuto que digamos —intervino
Allison— para vender ataúdes baratos por Internet. Vamos,
Lenny.

Primero, Lenny se sintió avergonzado, pero en seguida la miró furioso. Todo el rostro se le encendió como la grana. Ella volvió a mirarme y tomó la decisión de proseguir.

—Vender ataúdes baratos no fue lo que nos propusimos hacer —confesó.

—Espera un momento. Ya llegaremos a todo eso después —interrumpió Lenny con brusquedad—. Una vez que consigamos el dinero y Funerales.com esté funcionando, podremos evolucionar el negocio para que sea satisfactorio y beneficie a la comunidad. Un paso a la vez. Ya lo discutimos.

—¿Y si nunca llegamos a esa etapa, Lenny? —preguntó Allison—. Las cosas cambian. Las prioridades cambian, lo mismo que el mercado. Vamos a estar muy ocupados dedicándonos a vender y no vamos a tener tiempo. Ahora es nuestra oportunidad.

Era evidente que este giro de la charla incomodaba a Lenny, pero no hizo nada por detenerlo. Sabía que necesitaba a Allison.

—Deja que las agencias funerarias se encarguen de las inhumaciones —continuó Allison—. Internet nunca se va a hacer cargo de eso. Enfoquémonos en las necesidades emocionales de los dolientes. Ése fue nuestro punto de partida de toda esta idea, y sigue siendo el aspecto en el que debemos centrarnos.

En sus primeras discusiones, Lenny había convencido a Allison de que Internet les brindaba la oportunidad de satisfacer esas necesidades emocionales, en especial de los familiares y amigos que sobreviven al difunto y se encuentran dispersos por el mundo. Muchas de esas personas, aseguró Allison, necesitaban una manera de comunicarse entre sí, para recordar a sus seres queridos, aceptar su partida y entender el significado de la muerte. Había maneras de conseguir eso en Internet. Sólo porque la familia y amigos viven en distintas partes no quiere decir que tengan que llorar solos. El punto medular del negocio que interesaba a Allison era en sentido de comunidad, y en las áreas comunitarias del sitio era donde podrían ofrecer contenido: información acerca de los funerales, sobre el proceso y los arreglos, los aspectos legales; información que desmitificaría todo el asunto y daría armas a los consumidores.

—Sí, claro —dijo Lenny con sarcasmo cuando Allison terminó—. ¿Y cómo exactamente se gana dinero con eso?

—Si proporcionamos información sobre servicios de orientación, recomendaciones de especialistas y lugares a los que es posible acudir para hablar acerca del sufrimiento —añadió—, eso es verdadero valor —titubeó—. Tal vez haya una forma de que los familiares compartan sus recuerdos por Internet e incluso alguna manera de que la gente se dirija a la persona que acaba de morir. Si logramos que el sitio sea útil, la gente regresará y dependerá de él, y las oportunidades de publicidad y comercio vendrán con ella.

—Sesiones espiritistas en Internet —comentó Lenny, al tiempo que me lanzaba una mirada—. ¡Qué magnífica idea!

—Lenny —Allison empezaba a impacientarse—. Di lo que quieras, pero ya habíamos hablado de todo esto y pensé que estábamos de acuerdo.

—Simplemente no creo que sea negocio —indicó Lenny.

—Y a mí no me interesa vender ataúdes y mortajas baratas —replicó ella.

Eso llamó la atención de Lenny. De pronto comprendí que él había supuesto, pese a las reservas de Allison, que ella seguiría adelante si lograban reunir el dinero, incluso suspendería sus esperanzas indefinidamente mientras arañaban una pequeña parte de la idea original.

—No creo, si hubiéramos insistido en todas esas ideas sobre las que hablamos —dijo en tono casi beligerante—, que hubiéramos llegado hasta aquí.

Ella estaba hablando de una especie de institución social, aseguró, cierta organización no lucrativa dedicada exclusivamente a ayudar a la gente y no a ganar dinero. No podrían conseguir financiamiento para eso. ¿Quién invertiría dinero en una idea así?, Lenny quería saber. Allison no tenía respuesta inmediata.

—Pese a todos los problemas con Funerales.com —prosiguió Lenny—, no se rieron de nosotros y se habrían mofado hoy en cuanto salimos por la puerta si hubiéramos entrado diciendo que íbamos a ayudar a la gente, que íbamos a satisfacer las necesidades que las iglesias suelen satisfacer. ¿Cómo va a pagar la gente por eso? ¿Cuál es el modelo económico de esa idea?

Esperó una respuesta.

—¿Qué costo tiene operar un sitio como ése? —continuó cuando se hizo patente que Allison no tenía respuesta—. ¿Qué costo tienen el contenido y la infraestructura? ¿Cómo se buscan los clientes? ¿Qué relación hay con los encargados de pompas fúnebres y agencias funerarias?

Sonreí para mis adentros porque su letanía de preguntas probablemente repetía las mismas interrogantes que Phil le había lanzado esa mañana.

Allison se concretó a escuchar todo esto con la mandíbula apretada y moviendo la cabeza con incredulidad. Era obvio que conocía a Lenny suficientemente bien para permitirle desahogarse un poco antes de volver a rebatirlo.

—Al, no estoy diciendo que nunca haremos lo que quieres —ofreció por fin, en lo que sonó como el punto final de la conversación—. Creo que lo lograremos a la larga, pero no estoy seguro de que consigamos financiamiento si promovemos un negocio dirigido sobre todo en ayudar a la gente. Tenemos que centrarnos en los productos, ingresos, crecimiento, utilidades. Tus ideas son demasiado vagas. Ves esta utopía, esta compañía sin estructura y un montón de hormiguitas impacientes que trabajan por amor al arte. Lo que quieres no es realista. Si triunfamos en la rentabilidad, podremos empezar a tomar en consideración otras ideas y rumbos. Oye, si alcanzamos un gran éxito, hasta haremos donativos a una fundación que se ocupe del aspecto virtuoso y humanitario de ayudar a la gente a morir y a aceptar la muerte.

—Lenny, no pienso esperar toda la vida para constituir una fundación —puntualizó ella. Se conocían desde hacía mucho tiempo y no se andaban con rodeos. Eso era una buena característica entre cofundadores.

—Además —continuó Allison—, no me interesa *financiar* un servicio. Quiero dedicar mi tiempo a participar. Quiero trabajar en una organización a la que le importe la gente que sufre, que... —agitó el brazo— que se interese en la gente, punto. Tenemos la posibilidad de cambiar lo que no nos gusta —se interrumpió un momento—. Y tienes razón. Quiero formar una compañía fuerte, un lugar del cual nos podamos sentir orgullosos, donde la gente trabaje con ahínco, se interese en lo que hace y se respete mutuamente. Quiero un lugar en el que crea, en todos los sentidos: en lo que hace, lo que representa, cómo funciona. No quiero esperar a que mi barco atraque antes de que esté en condiciones de empezar la travesía. ¿Por qué esperar cuando podemos hacerlo ahora?

Resultaba evidente que Lenny no había logrado persuadirla de adquirir uno de sus planes de vida diferidos.

Formaban una combinación más dispar de lo que yo había imaginado: Lenny, con su punto de vista unidimensional del negocio, centrado en el renglón de los resultados financieros, y Allison, con sus ideales elevados respecto a la gente.

Lenny me miró; saltaba a la vista que buscaba mi apoyo. En ese momento, mientras Allison terminaba su réplica, simplemente se volvió a mí, se encogió de hombros y sostuvo sus manos, con las palmas hacia arriba, como diciendo: "Es inútil. ¿Qué puedo hacer?"

—No creo poder ayudarte en esto, Lenny —repuse. Tal vez hace diez años, pero no en este momento.

Era otro caso en el que, si hubiera tenido la edad de Lenny, habría estado de acuerdo con él. Claro, los negocios tienen que ver con el dinero. Eso es lo que los convierte en negocios.

Sin embargo, ante todo, para ser exitosos, los negocios tienen que ver con la gente. Me tardé un buen tiempo en aprender esa lección.

EMPECÉ MI CARRERA PROFESIONAL COMO NEGOCIADOR, UN HOMBRE dedicado a cerrar tratos. Me formé para aprovecharme, sacar ventaja y derrotar a la otra parte. Era un asesino. Mi trabajo consistía en ganar a toda costa, y me provocaba cierta satisfacción hacerlo bien. No entendía gran cosa acerca del lado humanitario de los negocios. Para mí, no había cabida para los sentimientos humanitarios en la rentabilidad. Ese punto de vista no me resultaba especialmente reconfortante, pero pensaba que ésa era la forma en que los negocios funcionaban. En virtud de esas restricciones, también supuse que mis días en el mundo de los negocios estaban contados. Sin embargo, antes de decidir botar todo y convertirme en guía de turistas independiente, conocí a Bill Campbell.

En aquel entonces trabajaba en Apple, pero estaba a punto de separarme del departamento jurídico porque se hallaba en reestructuración. Mi jefe me alentó a conocer a Bill, quien, en ese tiempo, dirigía una escisión del negocio de las aplicaciones de software de Apple. El propósito de la escisión era reducir la dependencia de Apple del software de Microsoft.

Bill actuaba como rayo para arreglar las cosas. Me acorraló en una sala de conferencias vacía, no se molestó ni siquiera en encender las luces, me echó un discurso de tres minutos, dijo que yo venía bien recomendado y me preguntó si me incorporaría a su organización. Quería una respuesta inmediata. Como no tuve tiempo para pensar, hice caso a mi intuición y me oí decir "Sí". Sin ningún detalle acerca del trabajo, mi puesto o mi remuneración. Mientras Bill se marchaba, lo oí decir: —Fantástico. Eres el primer cofundador. Manos a la obra —resultó ser una de las mejores decisiones que he tomado en mi vida.

Llamamos Claris a la compañía y teníamos grandes sueños. Íbamos a derrotar a Microsoft, empleando la filosofía de
las computadoras y el sistema operativo de Apple: pensába-
mos hacer accesible el poder de la tecnología creando software fabuloso que fuera fácil de usar, no sólo atiborrado de
características misteriosas y complicadas que poca gente quería o necesitaba. Desde luego, una parte fundamental de mi
trabajo en Claris implicaba hacer tratos. Negocié el convenio
de escisión con Apple, así como las adquisiciones de tecnología y de numerosas compañías de software por parte de
Claris; ambas estrategias eran clave para formar el negocio.

Apenas conocía a Campbell, pero los demás lo llamaban
"Entrenador", en apariencia porque había sido el jefe de en-
trenadores del equipo de fútbol de Columbia, pero, en realidad, debido a su dedicación a enseñar a su personal. Tenía
unos cuarenta y cinco años, de aspecto severo, pero cálido y
afable al final de cuentas. Ostentaba sus innumerables cica-
trices del fútbol y heridas del rugby como placas de honor.
Uno seguiría a este hombre a cualquier parte.

Y lo hicimos. Lo que se podía observar en Bill, luego de
trabajar con él un tiempo, era que dedicaba mucho tiempo a
hablar acerca de la gente. Comía, bebía y respiraba gente. No
era posible hablar de nada en Claris sin que el tema saliera a
colación. Al principio, me parecía irritante, una distracción.
Indistintamente cuando nos sentábamos a tomar decisiones,
alguien siempre preguntaba: ¿Cómo va a afectar esto a este individuo o a aquel grupo de personas? ¿Qué van a decir? ¿A
sentir? ¿Sabrán por qué tomaste esa decisión o pensarán que
lo hiciste de manera arbitraria? Cuando hablábamos de asistencia técnica para los productos, el punto no se evaluaba en
función de los costos. Era un servicio... para la gente. El centro
de la atención se ponía siempre en el valor que se ofrecería a
los clientes, empleados, socios y accionistas, y en lo que ellos
y otros pensarían al respecto y de uno. Tal vez no se comen-
taba en la primera sesión. Quizá tampoco en la segunda.

Pero, a menos que uno fuera sordo, al cabo de los primeros pocos meses, el tema resonaba con diáfana claridad. Bill tenía fe inquebrantable en que si nos centrábamos en los problemas de la gente, trabajábamos duro y cumplíamos bien con nuestro deber, el negocio se ocuparía de sí mismo. Así era Campbell.

Al principio, pese al respeto que me inspiraba, me resistí a la filosofía de Bill. Estaba firmemente convencido de la idea de que los negocios eran un proceso manejable, predecible y cuantificable. Creía que todo debería ser concreto, claro y preciso. Los gerentes hacían que los trenes salieran a tiempo. El enfoque de Campbell me parecía poco eficiente. Había demasiados aspectos abstractos, vagos y complicados para manejarlos. Sostuve que debíamos centrarnos en los aspectos mensurables.

Por alguna razón, Campbell, gracias a Dios, no se dio por vencido conmigo. Hubo ocasiones en que probablemente debería haberme despedido porque era un verdadero fastidio. Mi trabajo me ponía en contacto con todas las áreas de Claris, y abierta y constantemente acostumbraba cuestionar todo lo que no parecía contribuir de manera directa al renglón de los resultados financieros. A menudo discrepaba de la opinión de Bill y el resto del equipo ejecutivo.

Sin embargo, poco a poco empecé a absorber la mentalidad de Campbell, y algunos de mis valores personales, que habían estado subordinados durante mucho tiempo a la rentabilidad, empezaron a resurgir. No podía discutir los resultados de Bill: lo que en ocasiones parecía un proceso deficiente estaba creando un éxito extraordinario. Le agradábamos a nuestros clientes. Valoraban nuestros productos. Nuestros socios nos respetaban y confiaban en nosotros.

Nuestros empleados estaban muy motivados y comprometidos. A menudo, cuando trabajaba hasta tarde, alzaba la vista de mi computadora a las once o doce de la noche y veía a un grupo de personas, todas ellas trabajando con el mismo fervor. ¿Por qué me quedaba a trabajar hasta tarde? Porque necesitaba terminar la parte que me correspondía de un proyecto, para podérselo entregar a la siguiente persona y que ésta siguiera adelante con lo que necesitaba hacer, para que el siguiente pudiera hacer su parte, para que la compañía alcanzara sus objetivos. Había un intenso sentido de lealtad, responsabilidad y camaradería; un lazo de unión con todos los que nos rodeaban.

El cambio en mi idea de Campbell se resume en una de mis citas favoritas de Mark Twain: "Cuando era un niño de catorce años, mi padre era tan ignorante que apenas soportaba tener al pobre viejo cerca. Sin embargo, cuando cumplí veintiún años, me sorprendió ver cuánto había aprendido mi padre en siete años". De la misma manera, en un tiempo breve *yo* había aprendido cuánta sabiduría tenía Campbell; era capaz de hacer cosas imposibles de cuantificar. Poseía un sentido muy intuitivo de la gente. Le inspiraba a ser mejor de lo que ya era y a trabajar en colaboración como un todo para crear algo más grande que la suma de las partes individuales.

Pese a todo, me resultó difícil aprender algunas lecciones. Tuvimos la oportunidad de comprar una compañía llamada Quark, pionera en la entonces novedosa categoría de software de edición electrónica. No dormí en toda la noche y tomé un vuelo a Denver para conseguir que se firmara la carta de intención. Sería un magnífico trato. Sin embargo, más adelante, cuando pasamos a las negociaciones definitivas, nos topamos con el problema de las garantías. Se negaban a darme algo que yo creía que me debían. Estaba indignado. Recuerdo que les dije:

—Les estoy pagando buen dinero, me están vendiendo la compañía y tienen que estar de acuerdo en que lo que me están vendiendo lo tienen que ceder.

Se ofendieron. Creyeron que iban a incorporarse al equipo de Claris; eso es lo que dijeron que querían hacer. Sin embargo, mi insistencia en los problemas de las garantías, los hechos fríos y concretos del negocio, obtener el mejor trato, los distanció y los hizo sentir como extraños. Discutimos un poco y luego ellos simplemente se negaron a seguir trabajando conmigo. Bill intervino para tratar de salvar la negociación, pero ya no era posible salvarla. La había arruinado de manera irreversible. El desacuerdo podría haberse mitigado con otros remedios legales, pero yo me opuse férreamente a ellos por principio, y no hubo marcha atrás. Fue un error tonto. Quark habría sido una ventaja muy positiva para Claris.

Además de la sensación de haber fracasado en el aspecto profesional, ésta era la primera vez que arruinaba un trato, sentí que había defraudado a *mi* compañía. *Nos* había decepcionado. Era *nuestro* trato, y yo dejé caer el balón para todo el mundo, incluido yo mismo, en el proceso.

Empecé a prestar atención. Rompí con mis viejos hábitos de abogado. Empecé a aplicar el modo de pensar de Campbell al hacer tratos. Mi labor consistía en encontrar intersecciones de interés entre las partes negociadoras, no diferencias, sino aspectos en común, e integrarlas a una relación y transacción sólida. Empecé a centrarme de inmediato en aquellos requerimientos de la otra parte que eran congruentes con los míos, e invertí mi energía en incluirlos en el trato, en lugar de pasarlos por alto o de reaccionar oponiéndome a ellos para usarlos más adelante como ventajas de regateo. Me empecé a enfocar menos en sólo satisfacerme a mí o a mi compañía y me avoqué más en satisfacer también a la otra parte. Claro, determinados puntos tenían que ser contenciosos, pero negociar se convirtió en una oportunidad creativa para mí de solucionar los problemas y entablar relaciones, no para jugar póquer.

Mi última lección de Claris llegó cuando volvimos a vender la compañía a Apple. Al principio, teníamos la intención de que las acciones de Claris se negociaran en bolsa. Sin embargo, cuando Apple descubrió en nuestro anteproyecto de prospecto de emisión que planeábamos desarrollar software para Windows y no sólo para la Macintosh, los ejecutivos de Apple decidieron adquirirnos nuevamente en lugar de sufrir la vergüenza de observar a su prole confraternizar con el enemigo. Tenían el derecho contractual de hacerlo; sin embargo, el convenio de la escisión que habíamos negociado los obligaba a pagar un múltiplo del precio previsto de la oferta pública inicial por el privilegio. Fue un trato lucrativo para todos nosotros.

Sin embargo, fue una victoria pírrica. Nos reunimos en la casa de uno de los fundadores con nuestras esposas para celebrar nuestra buena fortuna. Brindamos juntos hasta que convertimos la celebración en un velorio. Estábamos orgullosos del precio que habíamos conseguido de Apple, había razón para celebrar, pero cuando miramos a nuestro alrededor, comprendimos cuál era el inconveniente del trato: no era probable que volviéramos a trabajar juntos. La experiencia estimulante de poner en marcha a Claris hacía que pocos de nosotros nos sintiéramos impacientes por regresar al redil de Apple.

Nuestros cheques se hallaban en el banco, pero no nos apresuramos a cobrarlos. ¿Qué diablos era eso?, me pregunté.

Campbell entendió mejor que cualquiera de nosotros lo que ocurría. Sabía que había entregado a su bebé, mientras que el resto de nosotros apenas empezaba a comprender la pérdida. Tiempo después me di cuenta de que había sido un raro privilegio trabajar con este grupo de personas, en un lugar que nosotros mismos habíamos creado y nos daba la oportunidad de superarnos y crecer, de influir y de ser grandes. Fue muy difícil formar una empresa que vendía 90 millones de dólares al año y era líder del mercado. Claris nos dio, como equipo y como individuos, una plataforma para crecer y la oportunidad de crear un legado y una cultura, que contendría nuestro ADN en sus valores, para las décadas futuras. No era posible ponerle precio a eso y no lo comprendí sino hasta que nuestra compañía estuvo muerta y enterrada.

Los negocios, le dije a Lenny y a Allison, no son nada si no se basan en la gente. Primero, la gente que atiendes, tu mercado. En seguida, el equipo que formas, tus empleados. Por último, tus numerosos socios y asociados de negocios. Si se rompe la cadena de valores entre el liderazgo y la gente que traduce la estrategia en productos y servicios para los clientes, se destruyen las bases del éxito a largo plazo. La cultura que se crea y los principios que se expresan son la única conexión que existe entre sí y con las múltiples circunscripciones. Tal vez no era la utopía de Allison, pero estaba muy lejos de ser la máquina sin alma que proponía Lenny.

Mientras hablaba, Lenny empezó a lanzar miradas furtivas a su reloj.

—Tendremos que continuar esta charla en otra ocasión —advirtió Lenny. Necesitaban ir al aeropuerto para abordar el vuelo que los llevaría de regreso a casa, para llegar a Boston a la medianoche. Los viajes de un día, de costa a costa, eran un estilo de vida difícil.

Él y Allison se pusieron de pie y me dieron las gracias por mi tiempo y ayuda.

—Tengo mucho en qué pensar —Lenny cambió el tema—. Estoy muy optimista. Creo que vamos a lograrlo. Lo presiento.

No estuve seguro de que hubiera escuchado una sola palabra de lo que dije.

Connie se acercó a mí cuando ellos se marcharon.

—Así que consiguieron el dinero, ¿eh? —comentó.

Mientras Lenny subía a su auto Neon rentado, nos dirigió una enorme sonrisa y levantó los pulgares.

Sólo pude mover la cabeza.

Capítulo ocho

EL ARTE DEL LIDERAZGO

PASÉ EL RESTO DE LA TARDE EN UNA SESIÓN LARGA E INTERMINABLE con Chris, el fundador de una de las compañías con las que trabajo. Tenía suficientes problemas y desafíos para hacerme olvidar temporalmente a Lenny.

Chris había realizado un estupendo trabajo para crear un equipo central, recaudar el capital de trabajo, desarrollar tecnología patentada y lanzar un servicio de Internet para la búsqueda electrónica de contenido de audio y vídeo. Sin embargo, el negocio no prosperaba y él no quería emprender la tarea de incluir a socios estratégicos de la industria: los grandes portales y sitios de entretenimiento. Las ventas eran escasas. Chris era un ingeniero con un concepto fantástico, pero estaba perdiendo ímpetu. El área administrativa estaba pensándolo muy bien, en virtud de la falta de progreso en el mercado.

La compañía necesitaba con desesperación un nuevo liderazgo. Aunque Chris lo aceptaba en el aspecto intelectual, emocionalmente le resultaba difícil ceder el mando de su creación a otra persona. Por más que la compañía necesitara un nuevo CEO, no podía darse el lujo de perder la visión creativa y pasión de Chris. Yo no podía separar el éxito de Chris del de la compañía. Habíamos llegado a ese momento difícil en la madurez de una compañía de nueva creación que uno espera que nunca ocurra: el momento en que el fundador considere la posibilidad de ceder el mando.

Los veteranos de Silicon Valley comparten un entendimiento tácito respecto a lo que una compañía de nueva creación necesita, no sólo es un CEO, sino tres: cada uno en etapas sucesivas de la evolución de la compañía. En virtud de mi profunda admiración por el mejor amigo del hombre, tiendo a considerarlos en función de lo mejor de la raza. El primer CEO es "el perro cobrador". De la nada tiene que formar el equipo central, el producto o servicio y marcar el rumbo del mercado; todo ello alrededor de una visión coherente. También debe reunir el dinero y conseguir a los clientes y socios cruciales del principio. Se le valora por su tenacidad e ingenio. El segundo CEO es "el sabueso". Debe *olfatear* el rastro: encontrar el mercado y poner a prueba el negocio. Necesita formar un equipo operativo y establecer una cabeza de playa en el mercado. Se le valora por su agudo sentido de la dirección y habilidad para hacer crecer la compañía. El tercer CEO es "el perro esquimal". Tiene que guiar al equipo, tirando de una compañía en operación que se hace más pesada cada día, con gente y responsabilidades empresariales públicas. Se le valora por su constancia y facilidad para crecer. En mi opinión, ninguno de estos perros es mejor que otro. Todos tienen la misma importancia y sólo difieren en sus habilidades y temperamentos. Asesoro al CEO fundador para que pueda llegar hasta donde quiera o tan lejos como su habilidad le permita. Y cuando decide pasar la estafeta, ayudo con la transición hacia el nuevo liderazgo. Todos confiamos en que, cuando el momento llegue, la compañía no necesite un San Bernardo.

Después de horas de discusión con Chris, no habíamos llegado a ninguna solución. No llegué a casa sino hasta casi la hora de cenar y me sentía mentalmente agotado. Amontoné mis cosas en la mesa del comedor, acaricié a las perras, me serví una copa de Merlot y me dejé caer en la silla de mi oficina. Actuando como en piloto automático, oprimí el botón de encendido y me conecté a Internet. Mi buzón contenía un mensaje de Frank.

A: <u>randy@virtual.net</u>
DE: <u>frank@vcfirm.com</u>
ASUNTO: Difunto

Randy:

Para tu información, Lenny hizo una presentación ante mis socios esta mañana. Nos gustaría hacer algo con este mercado, pero creo que vamos a abstenernos de participar en Funerales.com. Es probable que Lenny tenga cierto potencial, como un diamante en bruto. Tal vez demasiado en bruto. Todavía no parece tener una buena manera de aprovechar esta oportunidad. No estoy seguro de que sepa qué hacer con ella. Y si no lo sabe, simplemente no podemos entusiasmarnos. Gracias por tu ayuda.

Tengo otro trato al que me gustaría que le echaras un vistazo. Llámame.

Frank

Deseé que Lenny estuviera ahí para tomarlo de las solapas y decirle que prestara atención.

Lenny tenía razón en suponer que Frank y los otros capitalistas de riesgo no dirigían instituciones de beneficencia. Pero los mejores aprendían mediante prueba y error que invertir en un grupo apasionado de personas inteligentes, con una gran idea para un gran mercado, ofrecía las mejores probabilidades de alcanzar el éxito. Lenny se estaba defraudando a sí mismo y a Allison al tratar de centrarse en cómo constituir un negocio oportunista, un comerciante de descuento en ataúdes. Claro que podía funcionar, pero Frank y sus socios iban tras peces más gordos. Lenny necesitaba aceptar su idea original, más grande. Por lo menos ahí había algo en lo cual se podía hincar el diente, algo por lo que valía la pena trabajar denodadamente.

A: frank@vcfirm.com
DE: randy@virtual.net
ASUNTO: Una segunda vida

Frank:

Entiendo perfectamente y estoy de acuerdo contigo.

Pese a ello, una segunda charla con Lenny y Allison me hace sospechar que tal vez Lenny sea su peor enemigo.

¿Y si su negocio se relacionara con la formación de comunidades para familias y amigos que tienen que hacer frente a la muerte de seres queridos? ¿Un sitio con contenido y una guía de los servicios locales? ¿Qué pasaría si les diera a las familias un lugar para reunirse desde dondequiera que se encontraran, en cualquier parte del mundo, donde pudieran compartir su sufrimiento y ayudarse mutuamente para hacer los arreglos pertinentes y tomar decisiones? Esto incluiría páginas Web familiares y foros de conversación. ¿Y si los ingresos provinieran no solamente del comercio

del que hablan en este momento, sino también de
la publicidad de servicios de apoyo, porque se
proporcionarían referencias selectas de gente ca-
pacitada para ayudar y se prestarían servicios
electrónicos de primera clase a las partes interesadas? Todavía no sé cuáles serían éstos,
pero si el sitio se pusiera en marcha, los usuarios nos lo indicarían. Este negocio podría funcionar en sociedad con los prestadores locales de
servicios relacionados y agencias funerarias y
unirlos a todos en una red de contactos.

Sólo tengo curiosidad.

Saludos cordiales,

r

No tenía idea de cómo reaccionaría Frank, pero si dejaba
pasar este trato, quería cerciorarme de que rechazara la gran
idea que se ocultaba debajo de la superficie de Funerales.com
y no la versión superficial que Lenny presentó de ésta.

Tanto Debra como yo estábamos en casa para cenar juntos
por una vez en la vida. Mientras ella revisaba la correspondencia, reuní todas las ollas que había en la casa. Con una
botella de vino blanco sauvignon del Valle de Napa, cenamos
en el jardín mientras el Sol se ponía tranquilamente.

Más tarde esa misma noche, cuando todavía estaba haciendo la digestión, me hundí en mi sillón de cuero con un libro escrito por Dogen, el maestro Zen del siglo trece; la casa
en silencio estaba abierta a la leve brisa que llegaba de las colinas. El leve ronquido de las perras indicaba que el mundo
era perfecto.

Las ideas asombrosas de Dogen me eludían. No podía
pasar de su idea del tiempo: "No crean que el tiempo simplemente pasa volando. No vean su paso rápido como la única
función del tiempo. Si el tiempo sólo pasara volando, queda-

rían separados del tiempo". Otro acertijo de un monje... necesitaba algo mucho menos complicado esa noche.

Siempre queda el correo electrónico.

Caminé de puntillas para no despertar a las perras. Pero,
¿a quién engañaba? Estaban muertas para el mundo, confiando en que yo haría la primera guardia. La vieja Power-
Book tardó unos cuantos minutos de más para cargar. No le
quedaba mucho tiempo de vida a mi Mac.

Sólo unos cuantos mensajes, incluida la respuesta de
Frank, se habían recibido desde la última vez que revisé el
correo un par de horas antes.

```
A: randy@virtual.net
DE: frank@vcfirm.com
ASUNTO: Re: Una segunda vida

Randy:

Es interesante. Los aspectos del contenido y de
la comunidad resultan atractivos, ya que explo-
tan los puntos fuertes de Internet. También me
parece bien incorporar los servicios de la lo-
calidad. Decididamente veo cierto efecto de red
aquí. Constituye un proyecto en el que todos
salen ganando y un canal de referencias más jus-
tificable. Como es lógico, hay que desarrollar
la idea, pero es más fascinante.

Por desgracia, no es el Funerales.com que Lenny
presentó. ¿Es idea tuya o de Lenny? Lenny parece
aferrado al negocio de los ataúdes. ¿Quién diri-
giría esto?

Frank
```

¿Quién dirigiría esto?

Buena pregunta. Sabía que la respuesta de Lenny se basa-
ría en el organigrama de su plan; sin embargo, Lenny todavía
no demostraba estar hecho de la madera que se necesitaba.

Trataba de reducir el desafío de poner en marcha Funerales.com a la mera ejecución, y se centraba en administrar el proceso. Pero ésta era una compañía de nueva creación. Se necesitaría un líder inspirador para reunir y motivar al equipo y sus partidarios a construir algo que valiera la pena. Hasta ese momento, Lenny no había logrado inspirar a ninguno de nosotros.

La administración y el liderazgo se relacionan, pero no son idénticos. Sin embargo, la posición estratégica de Lenny no le había permitido apreciar la diferencia. La administración es un proceso metódico; su propósito es producir los resultados deseados a tiempo y dentro del presupuesto. Complementa y apoya, pero no puede prescindir del liderazgo, en el que el carácter y la visión se combinan para facultar a una persona a aventurarse en terrenos inciertos. Los líderes deben disipar todas las dudas de sus seguidores y proseguir aun cuando cuenten con información muy incompleta.

Desde el principio, Lenny se había propuesto dirigir Funerales.com; supuso que la capacidad de administrar era lo que Frank y yo más queríamos ver en él. De manera resuelta hizo de lado la primera visión que los había llevado a Allison y a él a concebir la idea de la empresa en un principio, para hacerla más manejable. Su negocio se había vuelto tan limitado que cuando no podía prever cómo se manejaría algo, lo excluía por completo del plan y del negocio. ¿El resultado? Funerales.com era un rayo láser apuntado a una idea muy limitada y fácilmente definida del comercio electrónico al detalle. Y no lograba entusiasmar a Allison, o a mí, o a Frank y sus socios. Para ser francos, ni siquiera entusiasmaba al propio Lenny, salvo por la posibilidad de obtener esa olla de oro.

Lo mismo que Lenny, en los primeros años de mi carrera yo no notaba la diferencia crucial que hay entre liderazgo y administración. Afortunadamente, tuve la buena suerte de trabajar con Bill Campbell el tiempo suficiente para aprender a distinguirla.

Después de que Apple reabsorbió a Claris, Bill fue nombrado CEO de GO Corporation, precursora de lo que se llamó la próxima industria multimillonaria, las computadoras manipuladas mediante plumas electrónicas. Bill me pidió que me incorporara a la empresa como director de finanzas y vicepresidente de operaciones comerciales. Como el hombre de confianza de Bill, yo me encargaba de que todo estuviera a punto: crear el plan, recaudar el dinero, negociar los tratos y estimar las cifras. En resumen, ejecutaba.

GO se formó para crear una manera novedosa y más intuitiva en la cual la gente operara las computadoras, usando una pluma para introducir datos y navegar en vez de un teclado y un ratón. La visión de GO generó una febril actividad en esta nueva interfaz seductora. En poco tiempo AT&T, IBM, Microsoft, Apple y muchas otras compañías se unieron a la batalla. En los dos años que trabajé ahí, GO creció de manera considerable y gastaba más de dos millones de dólares al mes. Antes de que la compañía desapareciera, reunimos más de 75 millones de dólares, una suma exorbitante para esa época. La visión era brillante, pero la tecnología para el reconocimiento de la escritura no estaba a la altura de la tarea. Trabajábamos a marchas forzadas, pero para muchos de nosotros se hizo evidente que GO no tenía probabilidades de triunfar. Sin embargo, el liderazgo de Bill era tan poderoso que nadie del equipo de administración abandonó el barco. Era un grupo de personas talentosas que, en su mayoría, asumieron después funciones de liderazgo en otras compañías, entre otras, sus propias empresas exitosas de nueva creación. Pero, gracias a Bill, nadie tiró de la cuerda. Todos viajamos en el avión hasta que éste se vio obligado a hacer un aterrizaje forzoso.

Cuando por fin me separé de GO en 1993, no tenía en claro qué quería hacer después. En los años que trabajamos juntos, Campbell me sugirió en diversas ocasiones que considerara la posibilidad de convertirme en CEO. Me alentó a prepararme para esa función asignándome proyectos y responsabilidades que me ayudarían a dirigir una empresa en algún momento. Tal vez quería un compañero de infortunio, pero para Bill, ser CEO era una de las funciones más divertidas y satisfactorias que había desempeñado. Su sugerencia me hizo sentir halagado, pero yo difícilmente encajaba en el prototipo con título de Maestría en Administración que posee el impulso insaciable de probarse como capitán de la industria.

Quería una función llena de creatividad, donde la inspiración se valorara más que el sudor. Me intrigaba el negocio del "contenido" digital, la idea incipiente de que las computadoras eran capaces de entregar información útil y entretenimiento interesante, no sólo aplicaciones. Husmeando aquí y allá, me di cuenta de que el contenido digital sería la siguiente gran puerta que se abriría en el mercado. Compré algunos juegos de computadora y CD-ROM, que empezaban a popularizarse como fuentes de contenido abundante, y descubrí algunos experimentos fascinantes con la interactividad. Los juegos fueron la primera encarnación de este nuevo medio, pero vislumbré la oportunidad de crear muchas otras formas de contenido digital interactivo.

De la nada, un reclutador de ejecutivos llamó buscando un CEO para una compañía fabricante de juegos, llamada Lucas-Arts Entertainment, situada en Marin County, al norte de San Francisco. Se trataba de la división de juegos electrónicos del negocio de entretenimiento de George Lucas. El reclutador de ejecutivos estaba desesperado porque LucasArts había rechazado a todos los posibles candidatos. Yo representaba una posibilidad remota. No logré entender por qué la compañía tendría interés en mí, pero él insistió. Por ello, vestido con uno de mis trajes que tenía de mis días de abogado, que ahora me quedaba mal y estaba pasado de moda, me reuní con el comité de contratación de LucasArts. Mientras sus integrantes describían a la compañía, el misterio de su interés en mí se ahondó. La descripción del puesto me excluía de manera inequívoca. No contaba con la experiencia necesaria y no era fanático de los juegos. Pese a todo, me pidieron que volviéramos a reunirnos. El reclutador me insinuó que dejara el traje en casa.

Preocupado por la aparente falta de correspondencia entre el puesto y yo, analicé las ventajas y desventajas con una amiga cercana de GO, Debbie Biondolillo. Debbie es una mujer maravillosa con un tesoro de sentido común, que había estado a cargo de Recursos Humanos en GO y antes fue vicepresidenta de Recursos Humanos en Apple. Le solté la perorata que pensaba dirigir al comité de contratación. Se centraba en los fundamentos del modelo de negocios de LucasArts, su estrategia de productos y convenios de distribución.

—Todo eso es muy perspicaz. Muy sesudo —comentó Debbie cuando terminé—. Sin embargo, están buscando a un CEO. Quieren a un líder. ¿Qué visión tienes? ¿Cuál es tu gran idea? ¿Cómo piensas entusiasmar a la gente? Lo que quieren oír es cómo planeas dirigir la compañía.

Yo era prudente y experto cuando se trataba de resolver problemas tácticos. Ése había sido siempre mi trabajo como gerente. Ahora me pedían que guiara y motivara, que creara una visión capaz de atraer e inspirar a personas talentosas y socios. El arte de administrar, que es ejecución impulsada por el vigor, es una habilidad rara, me dijo Debbie, pero todavía más rara es la capacidad de guiar, inspirar y motivar a la gente.

Así que me senté frente a una hoja de papel en blanco y empecé a elaborar mis ideas. Preparé un diagrama sobre la evolución de la narración de cuentos interactivos: círculos concéntricos que mostraban cómo la narración interactiva era o podía ser diferente de otras formas de relatos y otros medios. Era un gráfico rudimentario, pero parecía tener sentido. Me entusiasmó, tanto por lo que decía como porque había olvidado cuánto disfrutaba de esta manera de pensar libre.

Después de un minucioso examen de conciencia —crear una visión que me entusiasmara era ciertamente un factor—

decidí seguir adelante con mi proceso de entrevistas, lo que implicaba conocer a la mismísima leyenda. Viajé en motocicleta a Skywalker Ranch, mientras las ideas para LucasArt me bullían en la cabeza. Tenía un plan para ampliar los puntos fuertes creativos de la organización e impulsar el medio de manera congruente con el legado de narraciones de George Lucas. Con LucasArts realizaríamos para la industria de los juegos de vídeo lo que Industrial Light & Magic hizo por la de efectos especiales cinematográficos. La marca Lucas se convertiría en un paraíso de la nueva generación de talento creativo que sobresaldría en la narración de cuentos interactivos.

Cuando por fin me reuní con George, no pude dejar de hablar. Saqué mis gráficas. Expliqué mi idea de la narración de cuentos interactivos y mi visión del medio. George, quien por supuesto había reflexionado mucho en el tema, se enfrascó conmigo en una animada charla sobre el futuro de los juegos y el contenido interactivo. No sé si fue mi visión o entusiasmo, o simplemente la desesperación de LucasArts, pero poco después me ofrecieron el puesto.

Sin embargo, no todo en el trabajo de un CEO se refiere a la visión, y mis responsabilidades en LucasArts incluían mucho trabajo de administración. Casi de inmediato reestructuramos nuestra estrategia de distribución nacional y renegociamos nuestros convenios de distribución internacional, mejorando nuestros márgenes y control de manera considerable, lo que nos colocó en una mejor posición de atraer a productos externos para redistribución bajo la marca Lucas. Formamos nuestro propio equipo de vendedores. Estas medidas fueron polémicas, en virtud de que Lucas nunca había invertido en nada que no fuera el aspecto creativo del negocio; sin embargo, resultaron muy oportunas ya que nuestro distribuidor anterior se hundió cuando íbamos a lanzar al mercado nuestro producto estelar del verano, TIE Fighter.

A continuación, dimos el visto bueno a una secuela del éxito fenomenal de la compañía en CD-ROM, *Rebel Assault*, contra

las protestas de muchos en la empresa. Una vez más, tuvimos
suerte y el proyecto resultó ser un gran éxito. Creamos un nuevo grupo para desarrollar un CD de entretenimiento educativo, el primero de la compañía. Contratamos a un equipo de
desarrollo de la "siguiente generación" y negociamos un trato con Nintendo para ser el socio y desarrollador preferente en
un título de la Guerra de las Galaxias para su inminente consola grande de juegos, la Ultra 64.

Me esforcé por crear consenso a cada paso, pero sabía
que, en última instancia, tenía que ganarme la confianza de
todos por medio de los resultados. Con trabajo arduo y buena fortuna, los resultados llegaron. En menos de dos años
habíamos catapultado a la compañía, que se convirtió en el
principal editor de juegos para computadoras personales y aumentó sus ventas y utilidades en un factor de tres o cuatro.

Me gustaba más ser el líder que el tipo que hace que los
trenes salgan a tiempo. Descubrí que el arte no estaba en
cuadrar las cifras o en discurrir una forma astuta de mover algo a través de la cadena de montaje, sino en conseguir que
otra persona hiciera eso y lo hiciera mejor de lo que yo nunca podría; en alentar a la gente a superar sus propias expectativas; en inspirar a la gente a ser grande; y en lograr que
trabajaran en colaboración, en armonía. Eso era arte en su
forma más elevada.

Lenny necesitaría dar un paso adelante y lograr una trans-
formación semejante. Tendría que tomar la estafeta de líder y
congregar a la gente en torno de su visión para conseguir su
apoyo. No podía esperar irla pasando simplemente tratando de
hacer que el tren funcionara; tendría que establecer su rumbo
y motivar a los demás para que se unieran a su viaje. Sería fácil
rechazarlo pensando que no era ningún Jack Welch, pero si se
convertía en el perro cobrador y ponía en marcha Fune-
rales.com de la nada, sería el CEO adecuado para la primera
fase. El momento de preocuparse por el liderazgo operativo llegaría en la segunda etapa de la compañía.

Trabajar con Steve Perlman en WebTV me enseñó lo crucial
que es en una compañía de nueva creación en sus primeras
etapas conseguir el equilibrio adecuado entre liderazgo y administración.

Conocí a Steve en Apple en 1986 cuando era un joven
genio, uno de los inventores más inspirados, en el Grupo de
Desarrollo Avanzado. Nos mantuvimos en contacto a lo largo
de los años. En la primavera de 1995, poco después de que
empecé a trabajar en Crystal Dynamics, Steve me invitó a su
casa para que diera un vistazo a su último proyecto ultracon-
fidencial. En su estudio, atestado de cables, tableros electrónicos y artefactos de Fry's Computer Store, me mostró el sitio
Web de Playboy.

Es práctica común entre los navegantes de Web visitar el
sitio de Playboy, pero Steve lo hacía con una mejora crucial:
ahí estaba en su estudio, en un televisor. Al unir creativa-
mente dos tecnologías distintas que no fueron diseñadas para
operar en combinación, la computadora y la televisión, Steve
había logrado que Internet fuera accesible para cualquier hijo de vecino. De pronto era posible que la Red llegara a todos
por medio de un televisor y no sólo a quienes poseen una
computadora y la pericia técnica para usarla.

Steve y sus socios estaban por fundar Artemis Research,
que con el tiempo se convirtió en WebTV, para desarrollar su
invento. Como carecía de experiencia en operar una compañía, quería que me incorporara a la suya como CEO. Aunque me entusiasmó mucho su visión para Internet por televisión y pese al enorme afecto que siento por él, tuve que
excusarme porque acababa de aceptar el puesto de CEO en
Crystal Dynamics. Sin embargo, lo asesoré a él y a su equipo a
formar la compañía y, poco después, me incorporé al consejo
de administración de WebTV. Steve solía llamarme para pedir
asesoría sobre problemas operativos específicos: finanzas,
planes de negocios, negociaciones, contrataciones. Aprendió
con rapidez.

Un año después, cuando me separé de Crystal, Steve volvió a pedirme que aceptara el nombramiento de CEO de su compañía. No fue una decisión fácil esta vez. Él era un líder inspirador nato, y su visión carismática atraía a la gente más talentosa, inversionistas y partidarios. Sin embargo, en virtud de su función como visionario de la compañía, mi trabajo, si llegaba a ser CEO, sería sobre todo operativo, más parecido a la función que desempeñé en GO que en LucasArts. Tuve que declinar su invitación.

Pese a todo, WebTV crecía con rapidez: contrató a doscientas personas y recaudó más de 100 millones de dólares en los primeros dos años, y Steve necesitaba a alguien que tuviera experiencia. Así que, sin asumir un puesto formal, empecé a participar cada vez más para ayudar en los problemas operativos y fue entonces cuando Steve me dio las tarjetas de presentación de "CEO Virtual".

Esta compañía era un ejemplo perfecto del tipo "Mundo feliz". Pese a su rápido crecimiento, el modelo de negocios de WebTV todavía no estaba claramente definido en su mayor parte. Nadie sabía cómo ganaría dinero al fin. El hardware era mucho más costoso de fabricar que nuestro precio de mayoreo a los distribuidores. Las utilidades tendrían que generarse de los servicios proporcionados por medio del convertidor, pero qué servicios y a qué precio aún no se definían.

En medio de esta incertidumbre, Steve era deslumbrante. Llamarlo líder técnico es no hacerle justicia. La tecnología no era la única causa de su éxito. En realidad, era un promotor brillante, parte Edison, parte P. T. Barnum. Era capaz de inspirar a los inversionistas y empleados con base en una visión fascinante que, por el momento, lograba que todo el mundo olvidara la ausencia de un modelo económico claro. En ronda tras ronda de financiamiento, Steve siempre era capaz de vender una valoración más alta de lo que yo creía posible y atraer a socios cruciales.

En apoyo a Steve, sentí una fuerte obligación con los inversionistas y empleados de racionalizar la compañía con rapidez. Necesitábamos definir con claridad el rumbo económico, y entre más rápido mejor. Steve se opuso. Insistió en evolucionar su visión para Internet por televisión y explorar su potencial antes de restringirse a él mismo y a la compañía a la mentalidad operativa de los resultados financieros.

Un día, en medio de mi batalla para formar un negocio en torno de Internet por televisión, Steve entró y anunció:

—No es Internet por televisión, es Televisión mejorada.

¿Qué demonios es Televisión mejorada?

Su nueva y más amplia visión iba mucho más allá de Internet por televisión. En el centro se hallaba la idea de que la información podía fluir de un lado a otro entre el servicio o fuente de programación y el televidente. El televidente, que ya no tendría una función totalmente pasiva, podría interactuar con la televisión. La programación interactiva se suministraría de Internet y se conectaría a la perfección con la programación de vídeo de las cadenas de emisión por cable, satélite y terrestres. Los televidentes podrían charlar con sus artistas favoritos de las telenovelas, asomarse a la vida de las celebridades detrás del escenario, explorar los antecedentes históricos de los acontecimientos de una película o examinar una montaña de estadísticas mientras veían un partido.

Al principio, descarté la idea de la Televisión mejorada calificándola de fantasías de Steve, otra distracción frustrante de nuestros intentos por convertir a WebTV en una empresa real y operativa. Por supuesto, Steve persistió y, al fin, me di cuenta de que tenía razón. Internet por televisión tenía la desventaja de introducir un nuevo servicio a los hogares, donde necesitaría tiempo para afianzarse. El mercado, en última instancia, sería probablemente pequeño; no muchos teleadictos se mueren de ganas por navegar en Internet. Pero la televisión mejorada ofrecía tomar un medio ubicuo, bien comprendido, la televisión, y perfeccionarlo. La Televisión mejorada llegaría a 100 millones de hogares. Una gran idea.

El problema estribaba en que al tiempo que se incrementaron nuestras oportunidades en el mercado, Steve también había aumentado la complejidad de la empresa en un orden de magnitud. ¿Cómo se conectaría la programación televisiva con Internet de manera convincente? ¿De dónde provendría el contenido? ¿Cómo se cubrirían los costos de almacenamiento adicional en el convertidor necesario para darle cabida a todo? La cabeza me daba vueltas, imaginaba un río de tinta roja corriendo por los corredores como la sangre en la película *El resplandor.* Necesitaríamos mil millones de dólares, no cien o doscientos. No sabía cómo recaudar mil millones de dólares.

Ocurrió que Microsoft había estado pensando en términos similares, aunque su punto de vista se centraba en gran medida en la computadora en vez del televisor, perspectiva que Steve tachaba de ridícula. A medida que WebTV empezó a evangelizar la Televisión mejorada, con su capacidad de combinar el contenido de Internet y la programación televisiva, Microsoft, al darse cuenta de que podría tener lo mejor de ambos mundos, presentó a Steve una propuesta para comprar su compañía. Steve se sentía renuente a ceder el control, pero al fin, después de mucho debatirse, decidió vender. Al final de cuentas, sabía que para lograr que Televisión mejorada fuera un éxito necesitaba una fortuna, si acaso llegaba a funcionar. Los amplios bolsillos de Microsoft le darían la oportunidad de lograrlo. No estábamos seguros de cómo podríamos pagar las cuentas de otra forma.

Si Steve hubiera cedido su liderazgo visionario a un gerente operativo en las primeras etapas, es probable que Microsoft nunca hubiera adquirido WebTV. Limitarnos al negocio de Internet por televisión habría anulado la visión más grande de Steve, y WebTV habría tenido que lidiar para crear un negocio mucho más pequeño e igual de arriesgado por su cuenta.

Para mí, la moraleja de la historia de Steve Perlman y WebTV es la necesidad de resaltar el liderazgo visionario sobre la pericia administrativa en la etapa formativa de una compañía de nueva creación. Si uno convierte una empresa nueva y visionaria en una compañía operativa demasiado pronto, derroca lo que por derecho de nacimiento le corresponde. Nunca será tan grande, tan poderosa o influyente como habría sido en caso contrario. Será mucho más difícil, quizá imposible, ampliar la visión posteriormente, cuando el desempeño se mida trimestre a trimestre contra los planes operativos, porque entonces hay demasiado en juego. Steve era el líder adecuado, el único líder, para conducir el destino de WebTV a lo largo de sus años formativos.

LENNY, POR SUPUESTO, PROPENDÍA A TOMAR EL CAMINO CONTRARIO. Había tomado la gran idea y la había reducido a los aspectos operativos incluso antes de empezar. En el proceso, anuló su gran idea y disminuyó su potencial. Todavía tenía que demostrar su capacidad de crear una visión convincente que valiera la pena seguir. ¿Sería capaz de ser un líder?

La última vez que revisé mi correo esa noche, encontré un mensaje enviado por él. Estaba seguro de que ya había tenido noticias de Frank, aunque sospeché que el mensaje de Frank era menos directo que el que me envió a mí diciendo que "vamos a abstenernos". Tal vez Lenny había recibido un "no" más sutil.

A: <u>randy@virtual.net</u>
DE: <u>lenny@alchemy.net</u>
ASUNTO: Me equivoqué por completo

Randy:

Llegué a casa esta noche y encontré una nota de Frank. Estoy confundido. Dice que me sienta en libertad de "explorar otras posibilidades". ¿Cuándo nos darán el dinero?

Gracias,

Lenny

Oprimí "Responder" y tecleé mi respuesta.

A: lenny@alchemy.net
DE: randy@virtual.net
ASUNTO: Re: Me equivoqué por completo

No puedo hablar por Frank. Sin embargo, es mi
opinión que no vas a sacar nada de ahí, Lenny.
Frank te está diciendo amablemente que vayas a
otra parte. Mi percepción es que, en tus dos intentos, no conseguiste entusiasmar a nadie con
Funerales.com.

Lamento la franqueza, y es posible que me equivo-
que, pero lo dudo.

Mi consejo: regresa al propósito original que los
llevó a ti y a Allison a emprender este camino,
a las cosas que ella mencionó en el Konditorei,
y trata de volver a capturar parte de eso. El
contenido valioso y una comunidad vibrante es-
tablecerán un público sólido que podrás convertir en dinero contante y sonante por medio de la
comercialización y publicidad. Donde hay una
cantidad considerable de público, hay dinero.

Deja de jugar a lo seguro. No pierdas tu tiempo
ni el de Frank.

Hazte la pregunta: ¿Qué te haría estar dispuesto
a dedicarte a Funerales.com durante el resto de
tu vida? Empieza a partir de ahí.

Con mis mejores deseos,

r

Capítulo nueve

EL JUEGO

CUANDO POR FIN LOGRÉ CONCENTRARME EN LOS NEGOCIOS A LA mañana siguiente, lo primero que pensé fue en Lenny. Sabía que había llegado a una encrucijada. Yo no sentía ninguna afinidad con Funerales.com, por lo menos como Lenny lo presentó, pero Allison tocó una fibra sensible en mí. Su entusiasmo por un servicio dirigido a la comunidad era genuino; lo mismo que la desilusión que le causó ver su sueño original destripado. Si Lenny compartía en verdad la visión de Allison, yo quería de todo corazón que tuvieran una oportunidad. Por otro lado, si Lenny no era capaz de trascender su punto de vista limitado, era mejor despedirse ahora y dejar a Funerales.com descansar en paz. Lenny iba a tener que responder a esas preguntas fundamentales que tan hábilmente había eludido hasta ese momento. ¿Por qué lo hacía? ¿Qué era importante para él y qué le interesaba? ¿Quién era, y cómo podía expresarlo en su empresa? Sentí curiosidad por conocer las respuestas.

Sin embargo, cuando revisé mi buzón, no había nada de Lenny. Aunque, para mi sorpresa, encontré un mensaje de Allison. Lo abrí de inmediato.

A: randy@virtual.net

DE: awhitlock@digger.net

ASUNTO: Una última pregunta

Randy:

Gracias por reunirte con nosotros el otro día. Espero que comprendas mi postura. En su frenesí por fundar y poner en marcha Funerales.com, Lenny se niega a considerar nada que no esté directamente relacionado con los aspectos inmediatos. Para ser franca, me parece desmoralizante.

Lenny me reenvió tu mensaje de correo electrónico relativo al resultado de la junta con los capitalistas de riesgo. Lo siento mucho por Lenny, pero no me sorprendió.

Por desgracia, ahora Lenny parece estar paralizado por la indecisión. Por fin se topó con una pared que no puede traspasar, y esto lo ha afectado mucho. Por más que sé que lo negará, creo que necesita que otra persona lo ayude.

¿Qué piensas que debo hacer? Me gustaría oír tu consejo y darle una oportunidad al concepto de comunidad. De todos modos, no me queda nada más en esto, y si conseguimos apoyo para la empresa que nos reunió en un principio, tengo la certeza de que Lenny lo aceptaría.

Un millón de gracias.

Allison

Éste era un giro prometedor de los acontecimientos. La oferta de empleo de Allison estaba en pie y, sin embargo, ella estaba dispuesta a jugársela por su visión original de la compañía. Me pregunté si Lenny estaría igualmente dispuesto a correr el riesgo. En el Plan de vida diferido, por definición, uno pospone arriesgar lo que más le importa; eso ocurre después, si acaso sucede después de todo. ¿Y si Lenny trataba de fundar una compañía basada en lo que en verdad le importaba y ésta fracasaba? ¿Qué pasaría si el mundo le dijera, pese a sus mejores esfuerzos, que lo que más inspiraba su pasión no era demasiado interesante? Con Funerales.com, Lenny había reducido al mínimo el peligro y eludido la verdadera prueba. Aspiraba a muy poco.

No tenía programado nada esa mañana, así que decidí escapar del correo electrónico por un tiempo. Me puse mi traje de ciclista y tomé mi bicicleta de carreras para ir a dar un paseo vigorizante en las colinas. Pienso mejor mientras pedaleo.

En el primer tramo de mi ruta subí por Page Mill Road, un ascenso serpenteante de más de seiscientos metros, a través de bosques de robles, con una vista ocasional de la Bahía resplandeciente bajo el Sol de la mañana. La bicicleta ha sido mi medio favorito de viajar desde hace mucho tiempo, y he recorrido miles de kilómetros zigzagueando a través de Nueva Inglaterra, el este de Canadá e incluso China durante los años setenta y principios de los ochenta. Sin embargo, olvidé por un tiempo mi amor por los viajes mientras trataba de formarme una carrera en Silicon Valley. Hace unos cuantos años, volví a barajar las cartas cuando me convertí en CEO virtual y recalibré mis prioridades y pasiones. Desde entonces, he recorrido en bicicleta Francia, España, Vietnam, Laos y Myanmar. Pronto, Bután, ¿y quién sabe dónde más?

Mientras pedaleaba, no pude ahuyentar de la mente la idea del riesgo. Todo en Silicon Valley gira alrededor del riesgo. Lenny se había estado protegiendo, sin querer exponer la gran idea, porque sospechaba que tenía muchas probabilidades de fracasar como negocio. Los ataúdes baratos parecían ser una manera fácil de ganar dinero y no tendría que esforzarse demasiado para intentarlo. Proponer un negocio con aspiraciones más elevadas le parecía muy arriesgado porque no tenía claro cómo una compañía así, la que él y Allison pensaron en un principio, la que los había entusiasmado, podría funcionar. Por ello, Lenny se centró en la rentabilidad, en un intento por apelar a la supuesta codicia de Frank. Subestimó a Frank y la importancia de la visión, la pasión y la gran idea. La pregunta a la que al parecer había respondido no era "¿Cómo puedo hacer que las cosas sean distintas?", sino "¿Cuál es el camino menos arriesgado para alcanzar el éxito financiero?" Irónicamente, había asumido el mayor riesgo de todos en Silicon Valley, el riesgo de la mediocridad. Había cavado su propia tumba.

Lenny no entendía cómo se piensa en Silicon Valley acerca de los riesgos en los negocios y el fracaso. En lugar de controlar el riesgo del negocio para minimizar o evitar el fracaso, la atención se centra aquí en maximizar el éxito. Silicon Valley admite que el fracaso es una parte inevitable de la búsqueda del éxito.

Silicon Valley no castiga a nadie por fracasar en los negocios. Castiga la estupidez, la holgazanería y la deshonestidad. El fracaso es inevitable si uno trata de inventar el futuro. Silicon Valley perdona los fracasos empresariales que se deben a causas naturales y de fuerza mayor: cambios, por ejemplo, en el mercado, competencia o tecnología. La pregunta clave en este caso es *por qué* fracasó una empresa. Cuando uno tiene una gran idea como GO la tenía, y resulta que uno se adelanta años al mercado, el fracaso no acaba con la carrera de nadie. Irónicamente, las empresas que fracasan por razones aceptables proporcionan una riqueza de experiencia e incluso mayores oportunidades, como fue el caso de los principales participantes en GO.

Ted Williams dijo una vez que el béisbol era el único empeño humano en el que uno podía fallar 70 por ciento de las veces y de todos modos alcanzar el éxito. Al béisbol yo añadiría el negocio del capital de riesgo, en el que sólo dos o tres de cada diez ideas empresariales financiadas triunfan con el tiempo, no obstante el fenómeno de Internet. Para el inversionista, la explicación de esta paradoja es sencilla: los ganadores solitarios producen rendimientos de 10 a 100 veces o más de lo que pierden los perdedores. Estas probabilidades permiten entender cómo funcionan el negocio del capital de riesgo y Silicon Valley. Y si esto se comprende, también se entiende cómo evalúan los capitalistas de riesgo las ideas empresariales. Quieren algo que en realidad cambie las cosas y que no sólo represente una pequeña diferencia. Protegerse no es la manera de captar su atención. Reducir el riesgo inminente no conmueve a nadie. Los fracasos empresariales son pasos desafortunados, pero necesarios, en la búsqueda de los pocos éxitos fenomenales.

Llegué a la cima de Page Mill Road y continué hacia el norte por Skyline, a lo largo de las salientes de las montañas que marcan la volátil Falla de San Andrés. Estas montañas, resultado de la colisión milenaria de las placas tectónicas, literalmente definen a Silicon Valley hacia el este y lo protegen del Océano Pacífico hacia el oeste. Esta saliente es parte de una placa que se desplaza inexorablemente hacia Alaska.

Para algunos de nosotros, la actitud compasiva de Silicon Valley hacia el fracaso se basa en una comprensión más profunda: el cambio es lo único seguro, y en un mundo en cambio constante en realidad controlamos muy poco. Cuando hay factores importantes que escapan a nuestro control, el riesgo del fracaso siempre se cierne amenazadoramente, sin importar lo astuto o diligente que uno sea. Nos engañamos si creemos que buena parte de la vida y sus acontecimientos clave están bajo nuestro control.

La mayor parte de la gente respondería a esta afirmación diciendo: "Por supuesto. Es obvio". Sin embargo, muchos piensan todavía que aquellos que disfrutan de logros y realizaciones excepcionales llegaron a la cima completamente por esfuerzo propio. Los medios de información siempre buscan a una sola persona, un CEO o un empresario, para personificar los logros de toda una compañía o industria. Es una lectura entretenida, pero simplista. Alguien en Silicon Valley de pronto se encuentra con una fortuna de 100 millones de dólares y empieza a creer que ganó, y por lo tanto merece, ese dinero gracias a su habilidad y destreza. El resto del mundo, inducido por los medios de información, tiende a ser seducido por el mito, pese al trabajo arduo de muchos otros y al papel que juega un simple golpe de buena suerte. ¿Cuántas de estas personas aceptan igual responsabilidad por los fracasos en su vida? Cuando uno experimenta en carne propia los caprichos del éxito y la fortuna, es difícil aceptar tanto el mérito del éxito como la culpa del fracaso.

Durante mucho tiempo, ciertamente me atribuí todo el mérito por mi éxito. Me convertí en abogado, un experto en las reglas que gobiernan el juego, trabajé en Apple en sus años de apogeo y luego colaboré fundando una compañía de nueva creación muy exitosa en Claris. Todo ello me convenció de que era capaz de determinar mi propio destino. Fue en GO cuando por fin me di cuenta de que hay fuerzas en juego mucho más poderosas de lo que yo o cualquier otra persona puede controlar. Al experimentar los altibajos el tiempo suficiente, se da uno cuenta que nunca se puede ver más allá del siguiente pico o el siguiente valle, lo obliga a uno a comprender que sólo hay un elemento en la vida bajo nuestro control: nuestra propia excelencia.

Esto es lo que les digo a los fundadores de las compañías donde trabajo acerca del riesgo al fracaso y el éxito en los negocios, y lo que Lenny necesita entender: si eres brillante, se elimina de 15 a 20 por ciento del riesgo. Si trabajas veinticuatro horas al día, se elimina otro 15 o 20 por ciento del riesgo. El restante 60 o 70 por ciento del riesgo empresarial está siempre presente y absolutamente fuera de tu control.

Permítanme contarles que mi padre es un jugador; juega *blackjack*. El juego siempre está a favor de la casa. Si juegas *blackjack* de manera sistemática, sólo puedes perder. A menos que seas, como mi padre, contador de cartas. Juega con los flujos y reflujos de la oportunidad con base en cierta probabilidad que calcula continuamente en su mente mientras ve que reparten las cartas. Al jugar cada mano lo mejor posible, se prepara para aprovechar las probabilidades en el instante en que se ponen a su favor, apostando más cuando la fortuna le sonríe y acumulando sus ganancias en esos momentos. Por supuesto, los casinos han hecho esto más difícil porque han incrementado el número de mazos de naipes y reducido el número de manos jugadas antes de volver a barajarlos. No obstante, mi padre persevera, con su amor por el juego invencible, esperando con impaciencia su oportunidad de ganar.

Si uno es excelente en lo que hace y las estrellas se alinean, ganará. Por supuesto, es posible que el tiempo se agote antes, pero, si uno es excelente todos los días, aumentarán las probabilidades de derrotar a la casa en la medida de lo posible. Ese debe ser el primer indicador del éxito, la excelencia, no simplemente el botín que llega con la buena fortuna. No se puede confiar la satisfacción personal y la sensación de autorrealización a circunstancias fuera de nuestro control. En vez de ello, es preciso basarlas en la calidad de lo que uno hace y en quién se cs, no en el éxito de nuestra empresa *per se*. A menos que uno entienda qué está realmente fuera de nuestro control, es probable que cometa errores graves, distribuya mal los recursos y pierda el tiempo.

EXHORTO A LA GENTE A PENSAR EN TODOS LOS RIESGOS QUE IMPLICA una situación, tanto personales como empresariales. Cuando converso con candidatos provenientes de diferentes lugares fuera de Silicon Valley como parte del proceso de selección de personal ejecutivo, el tema del riesgo sale a menudo a colación. Los gerentes en perspectiva temen por lo general que la empresa no sea todo un éxito, o aún peor, que se vea obligada a cerrar sus puertas. Algunos reclutas se obsesionan tanto con el riesgo empresarial hasta el punto de la indecisión. Procuran investigar en forma exhaustiva todos los hechos, pero en cierto punto, ninguna información adicional o palabras tranquilizadoras les ofrecerán mayores indicios para prever el éxito o fracaso final de la empresa. Inseguros, se paralizan y se quedan en el *statu quo*, sin importarles lo insatisfactorio que éste sea. Después de todo, es lo que conocen.

Pero cuando lo analizo, inevitablemente encuentro riesgos *personales* que necesitan tomarse en consideración junto con los riesgos empresariales. Los personales incluyen el riesgo de trabajar con gente que uno no respeta; el riesgo de trabajar para una compañía cuyos valores no sean congruentes con los propios; el riesgo de comprometer lo que es importante; el riesgo de hacer algo que no nos interesa; y el riesgo de hacer algo que no expresa, o incluso contradice, quién eres. Y luego está el riesgo más peligroso de todos: el de pasarse la vida sin hacer lo que uno quiere con base en la posibilidad de comprar la libertad para hacerlo después.

Hace varios años, cuando reflexionaba en la oferta de incorporarme a Apple, y vi ese largo corredor en el despacho de abogados donde trabajaba, la respuesta era clara. No me preocupaba de si el negocio de Apple alcanzaría el éxito o fracasaría, o si mis opciones serían valiosas o no. Lo que tenía que sopesar era si debería seguir el camino bien definido hacia el éxito profesional y financiero como abogado, o aventurarme en una vida creativa en los negocios, sin ningún destino específico en mente. El riesgo empresarial no era lo que me hacía titubear; me debatía entre las posibilidades de riesgo personal, un juego de azar diferente en el que tenemos mucho más control.

Cuando consideré el riesgo de quedarme en el bufete de abogados, tuve que enfrentar la posibilidad de tener una vida insatisfecha, de trabajar incesantemente en cosas que no importaban y que, en ocasiones, transgredían mis valores más preciados. Tuve que enfrentarme a tener que subordinar mi creatividad para convertirme en un especialista, limitando mis capacidades. Para mí, éstos eran riesgos más graves que si Apple triunfaba o fracasaba. Con el tiempo, decidí buscar lo que parecía más importante en mi vida en ese momento.

En teoría, el riesgo del fracaso en los negocios puede reducirse a una cifra, la probabilidad de fracaso multiplicada por el costo de éste. Claro, éste resulta ser un análisis subjetivo, pero en el proceso se descubren las actitudes personales hacia el riesgo y premio financieros.

En contraste, el riesgo personal por lo general es incuantificable. Es cuestión de valores y prioridades, la expresión de quién es cada cual. "Jugar a la segura" tal vez signifique simplemente que uno no sopesa como es debido las consecuencias inherentes al *statu quo*. Los premios financieros del momento compensan plenamente la pérdida de tiempo y realización. O quizá uno ni siquiera piensa en ello. Por otro lado, si el tiempo y la satisfacción son preciosos, verdaderamente invaluables, uno descubre que el costo del fracaso empresarial, mientras no ponga en riesgo el bienestar personal y de la familia, palidece en comparación con los riesgos personales de no tratar de vivir la vida que uno quiere hoy.

Considerar los riesgos personales nos obliga a definir el éxito personal. Es muy posible que descubramos que el fracaso empresarial que evitamos y el éxito empresarial por el que luchamos no nos lleva a alcanzar el éxito personal. La mayoría de nosotros tenemos ideas del "éxito" heredadas de otras personas, o hemos llegado a adoptar esos conceptos enfrentando una fila de obstáculos aparentemente interminable que se extiende desde la primaria y la universidad hasta nuestras carreras. Constantemente nos juzgamos con base en criterios que otros han impuesto y nos comparamos con otros en su juego. Los objetivos personales, por otro lado, nos dejan el control a nosotros mismos, sin este hábito de mediciones y comparaciones inútiles.

Sólo el Plan de vida integral conduce al éxito personal. Ofrece la mejor oportunidad de proporcionar el tipo de satisfacción y bienestar que uno puede llevarse a la tumba en el futuro. En el Plan de vida diferido siempre habrá otra presea que codiciar, otra distracción, una nueva hambre que saciar. Siempre se queda uno corto.

Hay que trabajar mucho, trabajar apasionadamente, pero aplicar nuestra posesión más preciada, el tiempo, a lo que es significativo para uno. ¿Qué está uno dispuesto a hacer por el resto de su vida? no significa, textualmente, ¿qué va a hacer uno por el resto de su vida? Esta pregunta sería absurda, en virtud del carácter inevitable del cambio. No, lo que se está preguntando en realidad es, si tu vida terminara de repente y de manera inesperada mañana, ¿estarías en posibilidad de decir que has estado haciendo lo que de verdad te interesaba hoy? ¿Qué estarías dispuesto a hacer por el resto de tu vida? ¿Qué se necesitaría para hacerlo en este momento?

Desde esta cima contemplo a la izquierda el Océano Pacífico, a través de las laderas en las que crecen alcachofas y amapolas, donde pastan el ganado y los caballos. Es un paraje rústico y campestre. Y a la derecha, todo el esplendor frenético de Silicon Valley, un laberinto intrincado de autopistas, tránsito pesado y parques industriales. Los especuladores, los Lennys del mundo, siguen llegando a este pequeño trozo de tierra, este asentamiento floreciente, y pagan precios astronómicos en bienes raíces por la oportunidad de hacer fortuna. Como los buscadores de oro, hace ciento cincuenta años, la mayoría partirá con las manos vacías. Sin embargo algunos, unos cuantos, amasarán fortunas y se convertirán en los líderes de lo novedoso. Es el Valle de los optimistas.

En cuanto a mí, me gusta estar en esta cumbre, con un pie en cada campo, un todo formado de dos partes muy diferentes, pero igualmente fascinantes.

En la escuela no pertenecía a ninguna pandilla en especial y salía con un grupo de personas brillantes y alocadas. Estos inadaptados eran gente muy talentosa, que tenía pasiones extravagantes, como realizar autopsias en televisiones y computadoras abiertas, fabricar telescopios, practicar la ventriloquia, o pintar acuarelas de animales disecados. Dominados por sus pasiones, se apartaban de los convencionalismos. Me encantaba su talento e innovación, y yo actuaba como un puente que los conectaba con todo lo demás.

En el presente, trabajo con inventores, empresarios y otras personas muy competentes por derecho propio, pero no necesariamente capaces de sacar a la luz del día comercial sus ideas o de producir los efectos que sus ideas podrían y deberían tener. Éste es el aspecto creativo de los negocios: las compañías de nueva creación que trabajan con un lienzo en blanco para desafiar el *statu quo* y lograr que el cambio ocurra. Trabajo con empresarios brillantes que tienen una visión de cómo mejorar las cosas y que no pueden resistirse a llevar a cabo la próxima gran idea. Soy su consejero.

La última vez que estuve en Ámsterdam pasé una tarde en el Rijksmuseum estudiando las pinturas de Vermeer y de Rembrandt. *La Ronda Nocturna* de Rembrandt me impresionó muy especialmente. Como muchos de los maestros holandeses, la pintó por encomienda de un grupo de mecenas. La obra retrataba alrededor de una docena de comisionados vestidos elegantemente, reviviendo las glorias pasadas de su milicia cívica, y ordenados de acuerdo con su contribución y posición financiera. Se trata de algunos de los hombres más influyentes de la edad de oro económica de Holanda, acaudalados y prominentes, que buscaron la inmortalidad en el lienzo. Sin embargo, me sorprendió no conocer a ninguno de ellos, aunque tampoco importaba. Eran sólo personajes en la obra maestra de otro hombre. La única persona de importancia, la única cuya fama había perdurado más allá de ese periodo, fue el artista que murió sin un centavo en la bolsa: Rembrandt.

Pensemos en *La Ronda Nocturna* hoy en día, cuando tantas personas se afanan y trabajan por amasar riqueza, fama y poder. En unos pocos cientos de años, todos los prominentes de la actualidad tal vez queden reducidos, en el mejor de los casos, a otro grupo de personajes secundarios en un lienzo.

Esa pintura me recuerda un encabezado en los periódicos de hace unos años: Sam Walton murió siendo el hombre más rico de Estados Unidos, lo que lo convertía, comprendí, solamente en el último de una fila interminable de tales poseedores de récords. Como John Maynard Keynes postuló, a la larga todos morimos.

El tiempo es el único recurso que importa.

A: awhitlock@digger.net
DE: randy@virtual.net
ASUNTO: Re: Una última pregunta

Creo que todo depende de ti, Allison. Si quieres promover la idea sobre la que tú y Lenny hablaron en un principio, necesitarás tomar las riendas e impulsar a Lenny.

No tienes nada que perder. Trata de responder tantas preguntas como sea posible, pero no te preocupes si no tienes todas las respuestas. Planea cómo llegarás a descubrirlas.

Buena suerte.

Saludos,

r

Capítulo diez

EL PLAN
DE VIDA
INTEGRAL

—Vamos a hacer que los funerales funcionen —aseguró Lenny.

¿Ahí era donde yo entraba?

—¿Hacer que los funerales funcionen? —pregunté.

—Ya basta, Lenny —lo reprendió Allison—. Odio eso.

Lenny rió.

—Quería ver tu reacción —admitió.

Me entregó un ejemplar de su nuevo plan de negocios.

—Además —recalcó—, ahora viene más al caso que nunca.

Tenía razón. El sentido del humor de Lenny dejaba mucho que desear, pero me dio gusto ver que había recuperado las agallas.

—Tal vez debería decir que vamos a hacer que Funerales.com funcione —añadió—. Salvo que ya no es Funerales.com.

Lenny sacó su puntero plegable de bolsillo, apuntó a la portada del plan y me leyó el título: "Presentación a Randy Komisar". Hay hábitos con los que es imposible romper.

—Plan de negocios para Círculo-de-la-vida.com —continuó.

—Sé leer, Lenny, ¿recuerdas? —miré la portada—. Círculo de la vida. ¿Qué significa?

—Vamos a hacerte la presentación —indicó Allison—. Todo te quedará más claro.

—Excelente —repuse, mi curiosidad aumentó.

Habían pasado diez días desde la última vez que tuve noticias de ellos, y supuse que ya no se comunicarían. Me sentí apenado de que Allison no hubiera insistido y frustrado con la negación férrea de Lenny, pero también estaba seguro de que no pasaría mucho tiempo antes de que empezaran a aparecer vendedores de ataúdes por Internet.

Entonces, de la nada, llegó un mensaje de correo electrónico.

```
A: randy@virtual.net
DE: lenny@alchemy.net
ASUNTO: Todavía respiramos

Randy:

¡Todavía no estamos muertos! Después de hacer un
minucioso examen de conciencia a la luz de todo
lo ocurrido, revisamos el plan de negocios y
convencimos a Frank de que nos concediera otra
cita. Nos recibirá dentro de dos días, temprano
por la tarde. Nos gustaría repasar antes nues-
tras ideas contigo. ¿Nos permitirías invitarte
tu café con leche matutino en el Konditorei?

Gracias,

Lenny
```

Así que aquí nos encontramos de nuevo, *déjà vu*. Como de costumbre, el Konditorei estaba tranquilo a media mañana; excepto por una joven pareja con su bebé en un portabebé y uno que otro cliente que compraba algo para llevar, teníamos el lugar soleado para nosotros. Una cinta pirata de *Amigo del diablo*, del grupo Grateful Dead, resonaba en el fondo. Connie charlaba con el personal, mientras tomaba un descanso. Recibió a Lenny como si fuera un viejo amigo, olvidando por el momento las bacterias de la putrefacción. Tenía un don natural para tratar a la gente, y sabía más respecto a los negocios que la mayoría de los jóvenes petimetres que vienen a buscarme. En realidad debería hablar con ella acerca de formar una sociedad.

El comentario de Lenny sobre el "funcionamiento" captó mi atención porque era, por lo menos, el tercer eco de mi primer encuentro con él, hacía unas tres semanas. Esa mañana vestía otra vez su uniforme de hombre de empresa, me saludó en la puerta (esta vez, sin darme un apretón en el brazo) y me condujo a la mesa donde él y Allison se habían instalado.

Hasta ahí terminaban las semejanzas, gracias a Dios. Lenny se comportó tan vehemente como antes, pero su energía estaba impregnada de calidez y sentido del humor. Allison, también, parecía haberse asentado y ya no daba la impresión de ser ambivalente o titubeante. Ella y Lenny estaban en sincronía.

Después de que envié mi respuesta, explicó Allison, ella había pasado el fin de semana discutiendo la estrategia con Lenny. Él estaba dispuesto a arrojar la toalla, pero ella lo persuadió de intentar otro enfoque.

—¿Así que Círculo-de-la-vida.com surgió de ese fin de semana? —pregunté.

Ambos asintieron.

—Lo que antes te describimos como Funerales.com —explicó Lenny— todavía está ahí. Pero ahora es sólo una parte de una idea mucho más grande.

—¿Toda tu familia vive cerca de aquí, Randy? —preguntó Allison.

—No —respondí—. Vive en el norte de Nueva York y Nueva Inglaterra. Y la familia de mi esposa es de Pennsylvania, Florida, Carolina del Norte. Están en todas partes, menos aquí.

—Lo mismo pasa con Allison y yo —dijo Lenny—. La mayor parte de mi familia vive en Boston, pero dos hermanos viven en el Oeste Medio y mi hermana vive en Florida. Mi padre tenía siete hermanos y hermanas, dispersos por todo el Este y el Sur, y uno aquí. La familia de Allison vive en Nueva Inglaterra y el Sudoeste.

—En estos tiempos, las familias y amigos tienen que esforzarse mucho para mantenerse en contacto. Ya nadie escribe cartas —añadió Allison.

—Cuando mi padre murió —explicó Lenny—, le pagué a un chico del vecindario que conoce el lenguaje HTML para que hiciera el sitio que viste. Quería un lugar donde la familia pudiera congregarse, enviar mensajes y recordar. No sólo acortó la distancia entre nosotros, sino que nos facilitó el compartir nuestros sentimientos. Viste algunos de los mensajes. Algunos de mis tíos y tías contaron anécdotas acerca de su infancia con papá, y algunos de mis familiares pusieron viejas fotografías que nunca habíamos visto, fotos de papá cuando niño y de la familia entera a lo largo de los años. Fue un consuelo para todos nosotros recordar a papá y conmemorar su vida.

—Fue algo bueno —prosiguió Lenny—. Muchos de mis amigos que visitaron el sitio me comentaron que también les gustaría establecer un sitio para sus familias.

—Bueno, como te decía —intervino Allison—, cuando Lenny y yo volvimos a examinar todo bajo una nueva luz, regresamos a una premisa básica. El negocio debe hacer posible que la gente se reúna y enfrente la muerte de sus seres queridos y la propia. Ésa es nuestra misión.

—Y venderemos ataúdes —interpuso Lenny.

—Y venderemos ataúdes —concedió Allison—. Por supuesto. Se trata de una decisión costosa que la gente tiene que tomar en un momento difícil. Cuanta más información tenga, mejor será su elección.

—Dondequiera que encontremos agencias funerarias de renombre que presten un buen servicio y acepten márgenes razonables —observó Lenny—, trabajaremos por medio de ellos. Aún se necesita tener a alguien en la localidad para hacer los arreglos finales. Dirigiremos a la gente a las mejores instalaciones y la protegeremos de los extorsionadores.

—No sólo venderemos ataúdes y mortajas, sino también prestaremos otros servicios —se apresuró a añadir Allison—. Orientación, cementerios, lápidas, opciones para la inhumación.

Levanté la mano.

—Un momento —dije—. Empecemos con el plan —por lo general prefiero omitir la presentación escueta y pasar a la pasión, pero estaban surgiendo muchas cosas a la vez que me eran difíciles de asimilar.

La idea original de Lenny y Allison, la que enterraron con Funerales.com, era crear comunidades de Internet en las que la familia y amigos pudieran honrar y recordar a alguien fallecido. Al volver a esa idea, Lenny y Allison la habían ampliado para incluir a gente que pasaba por el proceso de morir, los enfermos terminales, y quienes los atienden.

—Facilitaremos que las comunidades se formen en torno de alguien que esté agonizando y de la muerte —explicó Lenny—. Reuniremos a los familiares y amigos, dondequiera que se encuentren en el mundo, y les brindaremos la oportunidad de sufrir, recordar, llorar y mostrar su apoyo de maneras que anteriormente no eran posibles sino hasta que surgió Web. Al mismo tiempo ayudaremos a los agonizantes a enfrentar su propia muerte y les daremos los recursos para hacer planes para los familiares que les sobreviven; por ejemplo, arreglos financieros y planeación de testamentos. Necesitamos enfrentar mucho mejor la muerte y el acto de morir como sociedad. Esta empresa puede ayudar a lograrlo.

—Queremos hacer que los últimos momentos de una persona sean lo más significativos posible —continuó Allison—, brindando a la gente la oportunidad de relacionarse con aquellos que han dado a su vida significado y propósito y, al final, entender su existencia, dentro de una comunidad íntima y afectuosa.

Se trataba de cerrar el círculo de la vida, pensé.

—Esto nos permitirá explotar el enorme mercado del que hablamos antes —señaló Allison—, pero de manera mucho más cálida y comprensiva.

—El servicio básico —prosiguió Lenny— sería gratuito.

Incluiría plantillas y lineamientos, explicó, que facilitarían a cualquiera crear un sitio comunitario con fotografías y escritos. El marco de este servicio básico se formaría con la ayuda de expertos en orientación en periodos de luto y enfermedades terminales, así como de médicos. Quienes se establecieran o se incorporaran a una comunidad simplemente visitarían el sitio, se registrarían y elegirían de entre todo lo que ahí se ofreciera. Luego, si lo deseaban, podrían participar más activamente, comunicándose con otros miembros. Un sitio sencillo sería gratis, y sólo habría un cargo si el sitio excediera un tamaño razonable o si la actividad excediera un tiempo límite especificado, por ejemplo, seis meses.

Qué listos, pensé. De ese modo, alentarían a la gente a usar el servicio gratis y a pagar sólo cuando consideraran importante mantenerlo a largo plazo. Adopción fácil, una versión en Internet de "pruebe antes de comprar". Por supuesto, a la larga el sitio tendría que proporcionar valor real para convencer a la gente de mantenerlo, pero incluso el tránsito informal produciría ingresos de anunciantes y patrocinadores.

—Nuestro plan —recalcó Allison— consiste en proporcionar información especializada acerca del cuidado, medicamentos, terapias y servicios de apoyo para todas aquellas personas que se encuentren en la etapa final de la vida.

La publicidad no molestaría a los integrantes de la comunidad; verían información acerca de servicios específicos sólo después de haber registrado su interés en ellos. Como resultado, Lenny y Allison no sólo se concretarían a vender vistas, sino que ofrecerían contactos selectos a sus socios comerciales. Los usuarios podrían solicitar información y recibir respuestas y referencias a todo tipo de recursos, algunos en la zona y otros en Internet. Círculo-de-la-vida.com cobraría una comisión a los comerciantes a cambio de contactos selectos, aquellas personas que hubieran indicado su interés en buscar ayuda. Las organizaciones no lucrativas tendrían acceso gratis.

Sería un mejor arreglo para todo el mundo que simplemente vender datos demográficos en bruto a los anunciantes. Los contactos selectos eran mucho más valiosos para los comerciantes que el tránsito indiscriminado, y el proceso sería más congruente con la experiencia que Allison y Lenny querían crear para los miembros de las comunidades, menos burdo y comercial. También planeaban ser sede de varios programas y foros, por los cuales las personas pagarían una pequeña cuota de participación, y que ofrecerían la presencia de invitados especiales, quienes serían expertos o la oportunidad de intercambiar información con miembros de otras comunidades electrónicas relacionadas que compartieran problemas o necesidades semejantes. La capacidad de enlazar a diferentes comunidades para que los miembros se apoyaran mutuamente, sería una característica muy útil.

Por ejemplo, explicaron, los familiares que se encargan de atender a los moribundos a menudo tienen responsabilidades especiales y tienen que llorar a solas su pena mientras continúan atendiendo a sus seres queridos. Círculo-de-la-vida.com les ofrecería un lugar para comunicarse con otras personas que atravesaran por situaciones parecidas.

—Tendrán la posibilidad de recurrir uno al otro para conseguir apoyo recíproco y, en especial, para expresar sus sentimientos (su ira, por ejemplo), que no pueden expresar a sus familiares y amigos —explicó Allison.

Su plan incluía vender los productos funerarios que habían identificado en la primera empresa. Donde hubiera proveedores de prestigio en la zona para tales productos, Círculo-de-la-vida.com remitiría a sus miembros a dichos establecimientos . Y donde esos distribuidores fueran establecimientos comerciales, como las agencias funerarias, Círculo-de-la-vida.com recibiría un porcentaje de la venta, como una filial. Con este enfoque, explicó Lenny, los ingresos provendrían de un mayor número de fuentes.

—Uno de los puntos débiles en el proyecto original de Funerales.com —señalé— era el problema de encontrar o ser encontrado por las personas con necesidad de apoyo. De todos modos necesitarán generar el tránsito para hacer que esto funcione.

—Sí, claro —respondió Lenny—, pero este enfoque es más amplio y entra menos en conflicto con los establecimientos funerarios de la zona.

Procedió a explicar que planeaban formar alianzas con agencias funerarias de prestigio en las localidades, para las cuales pudieran ser tanto una fuente de negocios por medio de las referencias como una presencia en Web que complementara las instalaciones físicas de dichas agencias. También planeaban formar sociedades con aquellos profesionales cuyo trabajo diario los ponía en contacto con la muerte y los moribundos, entre otros, por ejemplo, los trabajadores sociales en hospitales, personal de hogares para ancianos y enfermos terminales y enfermeras visitadoras, así como organizaciones que realizaban actividades relacionadas entre sus afiliados. Planeaban buscar el respaldo y referencias de organizaciones religiosas nacionales de todas las denominaciones, las cuales informarían a sus iglesias afiliadas de los beneficios que Círculo-de-la-vida.com ofrecía.

En resumen, su plan consistía en formar una vasta red de personas e instituciones cuyos objetivos fueran congruentes con los propios: facilitar el trance de los enfermos terminales y aliviar el dolor de los sobrevivientes. Si podían establecer a Círculo-de-la-vida.com como el lugar predominante para formar comunidades que atendieran esas necesidades, en especial de las familias y amigos en lugares distantes, esa red proporcionaría una ventaja competitiva. Cuantas más personas gravitaran en torno al sitio, más valioso sería para otros, puesto que compartirían información y atraerían a más proveedores locales de productos y servicios. Los competidores podrían tratar de duplicar este modelo, pero una vez que Círculo-de-la-vida.com se estableciera en el centro de la red, sería difícil que los competidores lo desplazaran. Este panorama es el codiciado "efecto de red", un rendimiento cada vez mayor sobre los beneficios de una escala creciente en Internet, con poco o ningún costo marginal.

Lo que Lenny y Allison se proponían lograr exigía una enorme cantidad de trabajo, y el éxito distaba mucho de estar garantizado. Sin embargo, ahora el riesgo se centraba en el lugar indicado: en la ejecución de la gran idea. Su idea abarcaba las necesidades fundamentales de la vida y emplearía los puntos fuertes comprobados de la Red, lo que hacía difícil de creer que alguien, en alguna parte, no pudiera hacerlo funcionar. Si pretendían alcanzar el éxito, tendrían que actuar con rapidez y con gran disciplina. También necesitarían formar una vasta red de relaciones. No era un desafío desdeñable.

—¿Han hecho algún progreso en la contratación de un equipo? —pregunté.

—Sólo hemos tenido una semana más o menos —respondió Lenny—, pero con el incremento en el capital de trabajo...

—Se nos olvidó contarle a Randy —interrumpió Allison.

Una vez que formularon la nueva idea para Círculo-de-la-vida.com y que coordinaron los detalles básicos del nuevo

plan de negocios, recurrieron a un pequeño grupo de ángeles que Lenny había visto hace meses. Los ángeles habían rechazado a Funerales.com, pero ahora algunos de ellos sen-
tían suficiente curiosidad por el nuevo plan y habían invertido
500 mil dólares en capital de trabajo.

Con eso, Lenny y Allison habían renunciado a su trabajo
diario para dedicarse de tiempo completo al negocio.

—Lo pensé mucho para rechazar esa oferta de empleo en
el hospital —admitió Allison—. Había muchas cosas que me
gustaban, la oportunidad de formar una comunidad de personas que luchan contra una enfermedad grave, pero cuando
Lenny y yo nos pusimos de acuerdo respecto a la premisa
básica en la que Círculo-de-la-vida.com se fundamentaría, no
dudé más. Esto es lo que quiero lograr, y si por lo menos lo intento... bueno, ésta es mi oportunidad. Internet parece ofrecer ahora el potencial para hacer algo importante de una
manera que nunca había sido posible.

Hojeé el plan. Hicieron supuesto tras supuesto acerca de
los servicios ofrecidos, fuentes de ingresos, su capacidad de entablar alianzas con los establecimientos y organizaciones tradicionales del mundo físico para formar las redes cruciales de
referencias, los posibles cargos y cuotas. Lenny debe haberse
sentido incómodo con esos saltos de fe, pero el plan también
presentaba un calendario que identificaba tanto los pasos cruciales y lo que confiaban y esperaban aprender en cada etapa.
Fueron francos y detallados acerca de lo que no sabían, o no
podían saber en ese momento, e identificaron cómo pulirían
y readaptarían el plan a medida que continuaran aprendiendo sobre el mercado. El plan era una brújula confiable, como
debía ser, no un mapa de carreteras.

Incluso, ya habían hecho ciertos adelantos respecto a la con-
formación de un equipo, e identificaron a un fuerte candidato que poseía la formación técnica necesaria y la experiencia
en poner en marcha compañías nuevas para abrir el sitio, e
iniciaron conversaciones con un grupo pequeño de terapeutas

y médicos que estuvieron de acuerdo en actuar como consejo asesor. Alguien con experiencia en contabilidad había expresado su interés en incorporarse a la empresa trabajando medio tiempo en un principio y, si las cosas funcionaban, se incorporaría de tiempo completo. El equipo no estaba completamente definido, pero al parecer habían encontrado a algunos buenos candidatos que se integrarían en cuanto consiguieran más financiamiento.

Crearon estados financieros pro forma, sencillos, basados en los segmentos del mercado existente que esperaban que emigrarían hacia su servicio y formarían las comunidades centrales en su red. Luego, por cada comunidad, identificaron las diversas fuentes posibles de ingresos y el ingreso total estimado. Éste ascendía a una cifra que podría ser lo suficientemente importante para llamar la atención de Frank.

—¿Qué opinas? —preguntó Lenny.

Este plan, que era menos ordenado y completo que la presentación de Funerales.com, estaba todavía en ciernes. Sin embargo y en general, no era malo para haberse creado en diez días de trabajo. Sobre todo, el plan comunicaba una visión más fuerte, una idea con un horizonte más amplio centrado en satisfacer una necesidad básica. Pese a los cabos sueltos, tenía verdadero potencial.

Les aconsejé que fueran totalmente sinceros con Frank. Que lo hicieran ver el poder de la idea que estaba detrás de Círculo-de-la-vida.com y que lo convencieran, hasta el punto en que él se mostrara dispuesto, ofreciéndoles su ayuda para hacer de esta idea un éxito.

—¿Qué pasará si la idea fracasa? —pregunté. Era una idea más justificable que tenía apuntalamientos comerciales más fuertes, pero seguía habiendo muchos imponderables.

—Hablamos acerca del fracaso —contestó Lenny— y concuerdo con lo que Allison dijo antes. Siempre me arrepentiría si no lo intentara. Somos realistas respecto a las posibilidades, pero creemos que podemos lograr que esto funcione y crezca —se encogió de hombros—. Si realizamos nuestro mejor esfuerzo y fracasamos, de todos modos estaremos satisfechos de haberlo intentado. Vale la pena.

—Y si es un gran éxito —añadió Allison—, éste es sólo el principio. Nos gustaría formar comunidades en torno a toda la gama de acontecimientos significativos en la vida, como los nacimientos, graduaciones y bodas, todos los sucesos que la gente desea compartir con amigos y familiares.

—Ése es el círculo de la vida incluido en su propio nombre —explicó Lenny—. Cuando pensamos en lo que entrelaza todos esos acontecimientos, nos dimos cuenta de que era la familia. La gente seguirá construyendo sitios para acontecimientos individuales, como un nacimiento, boda o fallecimiento, pero también queremos brindar la oportunidad de que los acontecimientos de la existencia se organicen en torno a las familias. De todos modos, ése es el contexto dentro del cual se celebran la mayor parte de esos acontecimientos.

—Y una vez que resulte fácil enlazar a los miembros de la familia dispersos por el mundo —continuó Allison—, se abrirá todo un campo nuevo. Imagina esto: las familias podrían conectarse para formar genealogías anchas y profundas. Dentro de unos años nuestros hijos podrán ir a Web y navegar hasta sus orígenes a través de generaciones o ir de un lado a otro del árbol familiar, de la punta de una rama a la punta de otra. Abundantes en imágenes y palabras. Imagina la sensación de comunidad que hace posible, aun en un mundo donde las familias grandes rara vez permanecen juntas.

La red de la vida. Las fuerzas de la tecnología nos apartan; sin embargo, la misma tecnología proporciona los medios para permanecer juntos.

Lenny sonrió.

—Tendrías mayores ventajas, sería como vivir en un pueblo pequeño con todos tus parientes —comentó—, sin vivir en un pueblo pequeño con todos tus parientes.

—Nada de esto —continuó— requiere tecnología nueva. Todas las piezas existen. Lo que hará a Círculo-de-la-vida.com diferente y atractivo es la información valiosa que proporcionaremos, el terreno común para la comunicación, la sencillez y accesibilidad del sitio y, en última instancia, las comunidades que se formarán ahí.

Lenny miró su reloj y se dio cuenta de que tenían que irse para su reunión con Frank.

Mientras guardaban los papeles en sus portafolios, Lenny dijo:

—Debes tener muchas preguntas.

—Es una idea rica —respondí—. Estudiaré el plan con más detalle y les comunicaré por correo electrónico mis ideas.

—¿Crees que funcione? —preguntó.

—No lo sé —repuse con sinceridad—. Creo que en alguna parte, de un modo u otro, algo como esto funcionará. Como mencionaste, la tecnología para crear comunidades electrónicas existe hoy en día. Nada más se necesita que alguien idee cómo coordinarla con el contenido e información adecuados de manera que resulte convincente y que la gente la valore lo suficiente para pagar por ella.

Allison se puso de pie y estrechó mi mano con una sonrisa de satisfacción.

—¿Están nerviosos por su junta? —les pregunté.

—Claro —respondió Lenny—. Esto es importante para nosotros. Frank nos está haciendo un gran favor. No podemos echar a perder esta oportunidad.

Bien, pensé. Bienvenidos al Plan de vida integral.

—¿Crees que a Frank le agradará? —preguntó Allison.

—No estoy seguro —respondí. Me preocupaba que se hubieran apresurado un poco para ver a Frank. Tenían muchas ideas que todavía necesitaban redondearse, pulirse e integrarse. La clave sería la atención y la organización, como ocurre en todas las compañías de nueva creación. Necesitarían ayuda para formular las estrategias y decidir las prioridades. La

buena noticia era que ahora poseían un cúmulo de entusiasmo y visión para trabajar.

—Vamos a lograr convertir esto en una realidad, de un
modo u otro —aseguró Lenny. Luego bajó un poco el tono
de voz—. Allison y yo ya lo hablamos y de verdad nos gustaría
mucho que te integraras a nuestro equipo de alguna manera.
Piénsalo, ¿quieres?

Sonreí, halagado como siempre cuando alguien me invita
a participar en su empresa.

Los acompañé a su automóvil rentado. Subieron y Lenny
bajó el vidrio de la ventana. Me agaché para poder verlos a
ambos.

—Avísame qué opina Frank —pedí—. Si él no está interesado, tal vez conozca a alguien a quien sí le interese.

EL CAMINO

Cuando todo ha terminado, el viaje es la recompensa. No hay nada más. Llegar al final es, bueno, el final. Si el huevo tiene que caer un metro sin romperse, lo único que hay que hacer es extender la caída a uno veinte.

Hace casi veinticinco años, extraviado en un camino desierto en Escocia, cobré conciencia de esta certidumbre.

Era un día borrascoso y deprimente. La lluvia fría de abril caía pertinaz del cielo gris acerado. El viento batía las laderas y traspasaba mi abrigo de invierno. El paisaje era imponente: escarpado, pedregoso, bueno para un rebaño de ovejas, pero no para mucho más.

Un amigo y yo habíamos estado viajando desde hacía una semana más o menos, pidiendo aventones desde Londres. Un camionero nos recogió en una parte del camino y nos llevó hasta Glasgow; sin embargo, al dirigirnos al Este hacia Aberdeen y luego al Norte hacia Inverness y Loch Ness, los conductores amigables, o incluso los vehículos, empezaron a escasear cada vez más. Cerca de Aberdeen, por fin conseguimos que una muchacha bonita, muy parlanchina, accediera a llevarnos. Acababa de romper con su novio, admitió, y parecía decidida a practicar sus técnicas de coqueteo. La complacimos y practicamos las nuestras también.

Ella no iba muy lejos y nos invitó a ir a su granja para tomar algo de comer y beber. Era evidente que se refería al alcohol y, para mi mala suerte (un vegetariano buscando algo verde de comer en las Islas Británicas), un tazón humeante de *haggis*, vísceras de cordero y avena, típico de Escocia.

Mmm. ¿Una chica amistosa? ¿Un poco de comer y mucho de beber? ¿Una cabaña seca y acogedora en una tarde fría y lluviosa? ¿Cómo podía negarme?

Sin embargo, mi plan simplemente no me lo permitía. Este lugar estaba en ninguna parte, en ninguna parte de mi itinerario por cierto, y necesitaba llegar a Loch Ness y regresar a Londres de inmediato, para cruzar el Canal a París. Había planeado ese viaje durante meses; estudié los mapas y encerré en un círculo los nombres y lugares que tenía que visitar. Estaba resuelto a ver todos los monumentos y museos de Europa en cuatro o cinco meses y con un presupuesto limitado, la versión de los años setenta del Gran Viaje. Había pasado años oyendo las hazañas de mis amigos, los niños bien que ya habían realizado sus viajes; estaba resuelto a ponerme al día.

Así que bajé a rastras del automóvil a mi compañero. En el camino, como la invitación desaparecía en el espejo retrovisor mientras ella se alejaba, estudiamos nuestra situación: dos figuras solitarias en un camino de dos carriles que corría de Norte a Sur. Escudriñé la vista que tenía ante mí en ambas direcciones y no había nada en kilómetros a la redonda. No había automóviles ni gente ni casas. Nada más las ovejas solitarias y sucias, que mantenían la cabeza agachada para estar más cerca de la tierra en medio de la borrasca.

En la primera hora más o menos, nos animamos bromeando acerca de nuestro predicamento, convencidos de que pronto pasaría. Los pocos automóviles que pasaban se seguían de largo y la depresión empezó a apoderarse poco a poco de nosotros a medida que comprendíamos que no habría sorpresas. Podíamos ver kilómetros frente a nosotros en ambas direcciones, y nadie venía por nosotros.

Cuando el cielo se oscureció, salimos del camino y empezamos a buscar rocas en los pastizales, volviendo optimistamente la cabeza de vez en cuando para ver si alguien venía en nuestro auxilio. Una quebrada angosta dividía el pastizal en dos y empezamos a amontonar piedras en el borde. Para pasar el tiempo. Para probar que estuvimos ahí. Empecé a lanzar piedras al barranco, en un intento por medir su profundidad. En ocasiones, oía cuando las rocas caían en el agua en la parte más honda; a veces, rebotaban en las pendientes empinadas de la quebrada. Uno, mil. Dos, mil. Tres, mil. Conté los segundos y traté de calcular la profundidad de la barranca, aplicando mis mejores conocimientos de física obtenidos en el bachillerato, pero mis mediciones variaban muchísimo con cada lanzamiento. Me di por vencido.

Deprimido, me senté en el pastizal, con la cabeza entre las manos, y traté de pensar en cómo podía reorganizar mi itinerario, preparado con tanto esmero, para ponerme al corriente en mi programa y salvar este viaje. A esa velocidad, no iba a ser posible. Y entonces, en medio de las angustiosas preguntas en las que me debatía, empecé a sentir un cambio sutil, el roce cálido del Sol en mi hombro. Había logrado filtrarse a través del velo de niebla que nos había envuelto todo el día, dejando filones de luz brillante y un arco iris resplandeciente. Detrás de la cortina de niebla, por fin vi la belleza que había tenido frente a mis propios ojos todo ese tiempo: un torrente caudaloso que caía sobre las paredes desnudas de la cañada, la cinta serpenteante de asfalto adelante y atrás, y las laderas verde esmeralda salpicadas de ovejas que con satisfacción mordisqueaban el césped. Y yo, sentado en un pastizal tranquilo, en un camino solitario, en una tierra olvidada de Escocia, en Europa, en una aventura. Mientras el Sol evaporaba la humedad, me di cuenta de que *esto* era lo que quería.

Como tenía de cuatro a cinco meses para alejarme de los hábitos y rutinas a los que me había encadenado en casa, éste era tiempo precioso. ¿Qué sentido tenía recorrer a toda prisa el camino trillado con un mapa que había copiado a otros? Éste era mi recorrido, mi vida y necesitaba mi propio viaje. Decidí abandonar el itinerario y ver a dónde me conduciría esto.

Al cabo de más de una hora, una pareja de ancianos nos recogió y viajamos con ellos el resto del camino hasta llegar a Loch Ness. Nos instalamos, visitamos los *pubs* y cafés, fuimos a ver algunos de los sitios turísticos más atractivos y saboreamos nuestro tiempo. A la larga, regresamos a Londres. En una fiesta en Soho, conocí a unas personas que me consiguieron alojamiento con sus amigos en París. Una semana de comer pan y queso, beber vino de la botella y equilibrar mis visitas entre los jardines y los museos, me hizo sentir extasiado. Después conocí a unas personas que iban a tomar un tren a España y me uní a su grupo. Continué mi viaje: Madrid, Lisboa, Marruecos, Barcelona, Milán, Venecia, Bolonia, Florencia, Roma, Atenas, Santorini, Creta y todos los lugares intermedios. Un horizonte siempre creciente de nuevos personajes y experiencias me saludó en cada escala. Un lugareño en un bar me comentó acerca de una playa aislada, llena de viajeros desnudos, en Corfú. La encontré. La frontera entre Grecia y Turquía estaba cerrada debido a los ánimos exaltados, pero una chica suiza me enseñó otra ruta, en un barco pesquero que salió de Rodas.

Me encontré de nuevo en una encrucijada: Mármara, Turquía. Mi guía suiza se dirigía a Afganistán y otros puntos hacia el Este, y acogió de buen grado la compañía. Era julio, el tiempo se me acababa y, de acuerdo con mi programa, debería haberme puesto en camino de Cambridge, Massachusetts, para empezar una nueva etapa de mi vida. Recordé aquel camino en Escocia. La decisión dependía totalmente de mí. ¿Hacia dónde iba mi vida?

Sabiendo que no me arrepentiría, seguí adelante y llegué a Estambul. Oí rumores de que podría llegar a Ámsterdam desde ahí y que Freddie Laker pagaría mi boleto de avión a Nueva York. Nunca había estado en Ámsterdam. ¿Por qué no extender mi viaje otro tramo?

No había tiempo que perder.

Reconocimientos

Este libro, que es una creación en la que tuve muchos colaboradores, me deja muy endeudado con un grupo notable de personas: Hollis Heimbouch, mi editora y guía fiel, quien vio un libro donde no había ninguno y se arremangó la camisa para hacerlo realidad. Soy suyo para siempre. Kent Lineback, mi compañero en este crimen, quien tuvo la muy poco envidiable tarea de tratar de convertir mis divagaciones incoherentes en una historia. Trabajó incansablemente y merece que se le reconozca por buena parte de lo que está bien en el libro, pero no puede considerársele responsable de sus defectos. Mi adorable y preciosa esposa, Debra, quien continúa a mi lado en las buenas y en las malas, aun cuando le doy innumerables razones para darse por vencida. Bill Campbell, mi maestro y amigo de mucho tiempo, quien se niega a aceptar la responsabilidad de cualquier cosa que yo haya aprendido en el camino. Bob Roden, abogado excepcional, quien me guió a través de los vericuetos bizantinos del arte de publicar. Patty Cullen y su alegre equipo de trabajo, en cuyo agradable Konditorei se prepara el mejor café con leche descremada de Silicon Valley. Constance Hale, fantástica, quien interpretó mis galimatías y nos sacó de apuros. Genoveva Llosa, quien siempre estuvo a mi lado para brindar su apoyo amable y generoso. Dan Kellogg, quien llevó la diversión a los funerales. Los numerosos empresarios, capitalistas de riesgo y otros socios de negocios que me han dado mucho más de lo que jamás podré devolver. Mi querida familia, en especial mi madre que, compasivamente, evitó toda mención en este libro, y los innumerables amigos, maestros y compañeros de viaje que he tenido la buena fortuna de conocer en mi vida; todos ellos me han dado mucho en qué pensar. Y, por supuesto, mis Horribles Sabuesos, Tika y Tali, que juguetean distraídamente a mis pies mientras trabajo incansable y ruedan sobre el lomo de vez en cuando para exigir una caricia cuando se sienten olvidadas.

Agradezco a todos y cada uno de ellos desde el fondo de mi corazón.

—Randy Komisar

Acerca de los autores

Randy Komisar vive en Portola Valley, California, con su esposa, Debra Dunn, y Tika y Tali, sus Horribles Sabuesos. En la actualidad incuba compañías de nueva creación como CEO virtual y contribuye a crear empresas con su visión e ideas. Ha trabajado como abogado en el ejercicio privado de la profesión y en Apple Computer, como CEO de LucasArts Entertainment y Crystal Dynamics; cofundador de Claris Corporation y director de finanzas de GO Corporation, así como conserje, panadero y promotor de música. También contribuyó a crear WebTV, TiVo, Mondo Media y muchas otras compañías incipientes.

Kent Lineback es escritor, productor y asesor; vive en Cambridge, Massachusetts. Ha producido diecisiete programas cinematográficos y de vídeo para Harvard Business School; en la actualidad colabora en un libro acerca de L.L. Bean y está a punto de terminar un guión cinematográfico.